U0781591

教孩子的学问

陈大惠 / 著

台海出版社

图书在版编目（ＣＩＰ）数据

教孩子的学问 / 陈大惠著 . —— 北京 : 台海出版社，
2016.8
ISBN 978-7-5168-1119-1
Ⅰ.①教… Ⅱ.①陈… Ⅲ.①家庭教育 Ⅳ.① G78
中国版本图书馆 CIP 数据核字 (2016) 第 199855 号

教孩子的学问

著　　者：陈大惠
责任编辑：王　艳　　　　装帧设计：Sakana
版式设计：欧阳宁　　　　责任印制：王丽君
出版发行：台海出版社
地　　址：北京市东城区景山东街 20 号，邮政编码：100009
电　　话：010 — 64041652（发行，邮购）
传　　真：010 — 84045799（总编室）
网　　址：www.taimeng.org.cn/thcbs/default.htm
E-m a i l：thcbs@126.com

经　　销：全国各地新华书店
印　　刷：环球东方（北京）印务有限公司
本书如有破损、缺页、装订错误，请与本社联系调换

开　　本：710mm × 1000mm　　1/16
字　　数：220 千字　　　　　　印　　张：16.5
版　　次：2016 年 11 月第 1 版　　印　　次：2019 年 2 月第 2 次印刷
书　　号：ISBN 978-7-5168-1119-1
定　　价：38.00 元

版权所有 翻印必究

出版前言

陈大惠老师本是中央电视台节目主持人，在迷上传统文化以后，放弃了收入不菲的工作，卖掉了房子和车子，捐掉自己的所有积蓄，全身心投入到弘扬传统文化的事业中。从 2009 年 7 月起，从青岛、唐山、石家庄、沈阳、抚顺、牡丹江一路走到鸡西，做了至少百余场弘扬《弟子规》的免费公益论坛，他希望每一个聆听讲座的人都能感知生命的觉醒。陈大惠老师组织的传统文化汇报团成员，来自社会各个阶层，被人们善意地称为"恶人团"。他们用自己的亲身经历和体验讲述善恶的道理，使无数人受益匪浅。前来聆听陈老师教诲的有各界名人，也有普通群众，他们带着无比虔诚、无比恭敬的心学习中国传统文化，并将正能量传递给身边的人，在整个社会弘扬圣贤精神。

"教孩子的学问"课程就是这些讲座的一部分内容，我们在"教孩子的学问"视频课程的基础上取其精华，加工整理形成了《教孩子的学问》一书。陈大惠老师关心孩子的教育问题，他以《弟子规》为基础，借鉴优秀的儒家经典，从家庭、学校、社会等多个角度提出教育孩子的方法。

陈老师认为，当今教育各种问题层出不穷的原因就是学习了西方的教育理念，摒弃了中国传统的教育理念，摒弃了传统教育理念的精髓——孝道。孩子不懂得孝顺父母，父母管教不了孩子，不但有可能让孩子走上歪路，使一个家庭遭遇不幸，而且还能摧毁中华文化的根基。所以解决当前教育问题的根本方法就是学习《弟子规》，培养孝顺的孩子，只有这样才能规范家庭的秩序、社会的秩序。

在教育孩子方面，陈大惠老师不但在全国各地开设讲座，而且还身体力行，让自己在生活中的一言一行都符合他在课堂上、在书中对孩子提出的要求。陈大惠以弘扬传统文化为己任，作为一名老师，他是称职的；陈大惠是个孝子，人到中年还能亲手侍奉双亲，作为一名儿子，他是合格的。

陈大惠老师希望《弟子规》能落实到每个人的生活当中去，只有人人都践行《弟子规》，才能实现身心和谐、家庭和谐、社会和谐。

愿陈老师慈悲、智慧的声音传得更远，能够为对孩子教育感到困惑的家长、老师答疑解惑；愿看到本书的读者，能体会到陈老师的良苦用心；愿每一个孩子都能健康、快乐地成长，投入到弘扬中国传统文化的伟大事业中。

目录

第十一讲
花言巧语之害

第十二讲
想做宠物的孩子

第十三讲
叛逆的根源

第十四讲
安全常识无人教

第一讲　混乱的家庭教育

读书的次第

班主任：老师，有观众提问，说孩子背书有没有次第？他讲到，小孩子背书应该先读难的，说难懂的会了，简单的就很容易了。如果小时候读简单的，长大了再读难的会不容易读进去。

陈老师：我们现在无论是在学校还是在家里教孩子，说什么的都有。我在这个地方给大家提个建议，你可以提出教法，但是你最好要告诉给大家是引自哪部经典，是哪个老师教的。在过去大家非常看重"师承"。你不能自己发明创造，人家不认你。说你是谁的学生，朱熹的学生，那了不得；顾炎武的学生，亭林门生那还了得，都可以，你得有师承！所以现在我们是张嘴就来，大众就很难升起信心来，我为什么要听你的呢？你说我们现在节目《教孩子的学问》，我们为什么要相信你们的？那你看古人说的，这都是经历时间和空间检验被尊为圣贤的教育，你听不听？"述而不作，信而好古"大家就相信你。不是你发明创造的，你在介绍给大众古人是怎么教的。你要告诉大家是哪一部史料经典的，说孩子要先从难的教起，然后再是简单的，你要把它说出来。大众都没听说过，那要尤其给大众解释清楚。因为它太少见了，怕别人误会，那最难的。咱们打个比方，像儒家的"十三经"头一部是《周易》。那么各位可以去看看，《四库全书》里面"经""史""子""集"排在"经"部头一位《周易》(《易经》)。关于注解《易经》，我们说从汉吧，从有经学博士开始，夫子就给《易经》做释义注解，从那个年代一直到清末，做的释义注解浩如烟海。那皇上想看哪个是好的，你挑错了要杀头，丢了性命。所以那些大学问家，像纪晓岚他们，开馆的这些大学士们，是全国最有学问的人，是史家公认的大学问家。你看"经"部里边《周易》排头一个，从汉一直到清的注解本有多少？我讲这话什么意思？一辈子活七十岁、八十岁的大学问家注解《周易》，他一部都说不明白，一个人一个说法，但是都对。你说《周易》有多伟大，那这是最难的。你说教给孩子，那孩子多大？是十七岁还是十八岁？这时候你给他讲解《周易》，说实在话他都不容易接受。大学问家做这门学问都很难，那你现在说，要先从难的开始，标准何在？字还没认全呢，怎么个难法？是不是每个字都不认识叫难？所以说现在的观点真的是五花八门。孩子到底该怎么教？一定要契机契理。"机"就是他的根基，"理"就是你教给孩子的要是圣贤经典。他很懵懂的时候你要教给他很简单的、朗朗上口的儿歌。《三字经》像儿歌一样，很容易，并不难。孩子不学难的。他为什么不学？他学不懂。如果他接受起来都很难，那不是白教了。契理而不契机。所以说难不难不重要，重要的是你所教的孩子能不能够接受得了。这东西是好吃，吃下去之后没消化，这不是白吃了。所以说契理契机非常重要，否则白搭工夫。

脾气大的原因

班主任：老师，我们最近这段时间接触到一个家庭，小男孩三岁，脾气很大，然后我们学长、老师基本上管不了他，他总爱发脾气。

陈老师：他怎么脾气大？

班主任：比如说念供养词的时候，饭前供养，他就要自己念，学长说你不会要学长带你，他就说不要，我要自己念。有的时候问他话，他就不讲话；可能因为经常的气性大，他眼神都是很凶的。三岁孩子应该有比较柔和、天真、很幸福、很快乐的眼神，但这个孩子不是，你感觉他好像总是瞪着你，而且他不会笑。

陈老师：三岁，不会笑？

班主任：三岁，是。

陈老师：你们问问他家长什么原因？

班主任：妈妈就讲说在家的时候，妈妈对孩子管得非常非常严，不管是大错小错都是打，很严厉地打、训斥。妈妈自己也是急脾气，如果看到孩子做事慢了就冲他喊："你为什么这么点事情还做不完呢？"后来孩子的姑姑讲，孩子从小处在这样的氛围中。

陈老师：家长教育孩子的问题出在哪里呢？由着自己的性子。

班主任：确实是这样的，老师。你会在孩子妈妈与我们的谈话过程中感觉到，她心情好的时候她就对孩子特别溺爱，她心情不好的时候她就对孩子大喊大叫。

陈老师：那结果是什么呢？结果孩子喜怒无常。为什么呢？他不知道你什么时候不高兴，你抽冷子就来一通，他也不知道你什么时候高兴，所以说孩子看上去不大正常，什么原因？教出来的。这爸爸妈妈没谱。高兴了溺爱，不高兴了连打带骂，你说这孩子能正常吗？换句话说，你那么情绪化，孩子也情绪化，你这就听懂了。所以说做好父母要能控制好自己的情绪，不能够由着自己的性子来。你高兴了怎么着都行，有毛病也没毛病；你不高兴了，没毛病你也想骂他两句，你也想打他一顿。不行，这不叫教育，这叫糟践孩子，你纯粹是在那儿毁他呢。说实在话，今天有几个家长不这样？我有时候在路上，看到妈妈推着那小推车的孩子，我相信他不会超过两岁，他还躺在那小车里呢，妈妈这么跟他说话，头两句还商量，第三句的时候，妈妈那一声咆哮，河东狮吼，那半条街都动，我一回头就看见了妈妈"烦死我了"的眼神。我经常看到这样的妈妈在街上，你想想那么小的孩子他受得了吗？反复无常。他受不了！有一个数据说中国现在有精神疾病的，这话说得客气，精神上有问题的，超过一个亿。十三个人里边就有一个精神不大正常。你看他言谈举止情绪真是没谱、没准。今天社会里这样的人很多，你说这一个亿的人做了父母，他们的孩子怎么办？

孩子为什么人格分裂

班主任：老师，现在还有一种状况，老师一个教育理念，家长一个教育理念，孩子还有他自己的想法。

陈老师：我告诉你，你说老师一个理念，对。家长有六个，爷爷奶奶、爸爸妈妈、外公外婆，六个人没准能有十二个理念，你说孩子听谁的？这不受罪！那个说了"多吃点"，那个说"少吃点"，那个说"别吃了"。

班主任：我们接触的三岁小男孩确实是这样的，妈妈管得非常严，不管大错小错都是打；外公外婆就特别溺爱，导致孩子现在感觉有点分裂。他好像是很害怕打，但是他被惯得脾气很大又很任性。他看上去就不正常，怪怪的。

陈老师：这种怪怪的孩子不应该有的，它为什么出现在孩子身上？都是家长对孩子的教育造成的。在一个家里，这件事情做错了，爸爸要揍他，妈妈说别揍了，爷爷奶奶过来赶紧要给他抱走，"你敢动，我跟你豁出去了我，我要你命。"是不是？孩子脑子里边想：我犯错误到底是该打还是不该打？我们都听说过，爸爸要打儿子，儿子几岁？十岁。拿起电话来给爷爷打个电话，说什么？你儿子现在要打我了。我们听了之后哈哈一笑！你想一想，首先孩子也是个正常人吧，尤其那么小，这就好像是，一会儿你把他扔到门外，瓢泼大雨浇着，淋得透透的，一会儿你再给他拎屋里边拿火烤，你说孩子是什么感受！现在几乎家家都这样，所以孩子为什么分裂呢？他为什么不正常了呢？天真没有了，什么原因？你就通过大人的这些教育的方法、态度，看得一清二楚。

班主任：老师，有一些父母也很痛苦，他们来信问，说我们是按照传统文化的教育理念，但是爷爷奶奶溺爱，那我们得怎么办呢？

陈老师：在中国古代没这个。全国人民都学中国古人，所谓"见和同解"，大家的看法都是一样的。而且你家跟我家、我家跟他家、南方跟北方、江南和东北都一样。

班主任：对。老师，我们看到很多家训，我们看到历代的不同家族，他们的家训讲的理都是一样的。

陈老师：对了，那些理都是一个理，没有俩理。做人有几个道理？肯定就一个。你要不就做好人，要不就做坏人。说这样也对，那样也对，当好人也对，当坏人也对，那是胡说呢，天理就一个。所以说你这一家人六个声音，孩子能不生病吗？心理会生病。他本来正常的一个孩子，可生养孩子之前，父母、长辈都没有做好准备。我们说一句直白的话，教育孩子的资格还不具备，孩子已经来了，那你教不教？教！乱教。

班主任：老师，家长跟我们讲，说当初要孩子之前，他们愿生一个虔诚的佛子，将来就把他贡献出来弘扬传统文化，弘扬佛法。在孕育孩子过程当中也是用读诵《地藏经》《无量寿经》来进行胎教，按说这样的话，孩子根基是很好的。但是父母教育了三年后，孩子反而不如一个正常的孩子、普通的孩子。

陈老师：你知道什么原因吗？你问妈妈，妈妈是什么反应？

班主任：妈妈很痛苦，现在她不知该怎么办了。

陈老师：这叫事与愿违。为什么会事与愿违呢？种子很好，在娘胎里胎教，给他读佛经、听佛号不受污染多好，种子很好，缘不好。周围的土壤、养分、阳光、水分这些缘不好，都不符合他生长的规律。你说咱们施肥，你能施六样肥吗？你一会儿给他浇水，一会儿拿火烤他，这谁受得了。他还是个小孩子，又那么稚嫩，你真的是在摧残他。所以一个孩子要想教好，你家里先要"见和同解"。你先把意见统一了，不要害孩子了。该打是不该打？所以家现在为什么不和？大家想法是乱的。为什么想法是乱的？那你看看电视，电视把人都教糊涂了，天天谁教？没人教，电视教，潜移默化大家都学会了。电视里边都是西方的现代的那些理念，家长都学会了，要跟孩子交朋友。西方人只有一伦，人跟人关系只有一种——朋友，除此之外没有其他。中国人讲理，圣贤告诉我们人生在世五种关系，父母和子女是一种，第二长辈和晚辈，第三夫妇，第四上下级叫君臣，第五是朋友。从古到今传了几千年按这方法不乱。现在你不按这方法，都改了，都改成朋友了，那女儿拍着妈妈的肩膀"老姐"，妈妈挺高兴，好像自己还挺年轻，她不知道乱伦了。儿子拍着爸爸的肩膀"哥们"成哥俩了，爸爸挺高兴，看我们多平等、多现代。这样的结果是什么呢？结果就是一片大乱，三岁就痛苦了。

班主任：这妈妈还有一个很大的疑问，说孩子吃软不吃硬，如果说你批评他、训斥他、打他不行，但是如果你给他讲道理，把他说得心平气和了，没事了，他眼泪一擦，就帮你干这个干那个，妈妈就问怎么办？究竟问题出在哪里？

陈老师：问题要到家里边去观察，六个人每个人都有教他的方法、策略。爷爷说："过来，你爸下回再打你找爷爷来。"妈妈说："过来，你爸下回再打你不要找爷爷，找妈妈来，妈妈有办法。"六个人有六百种主意，都灌到孩子的小脑袋瓜里了。所以这个问题不要来问我，每个家长都回去看看你们家人都在对孩子说什么、做什么。我经常在路上听到妈妈对儿子说"别听你爸的"，甚至于爸爸就在边上。爸爸说"别听你妈的"。那孩子说我听谁的？爸爸妈妈吵起来了。现在孩子为什么问题多？父不父，爸爸不像个爸爸，母不母，妈妈不像个妈妈。

溺爱毁了孩子

班主任：老师，我们现在感觉很多妈妈很像保姆，妈妈讲在家的时候孩子只要一上完厕所，妈妈就第一个跑过去先帮他把裤子提起来，孩子就伸着手在那等着，而且吃饭的时候嘴张着等着喂，都是妈妈喂的。包括我们刚刚提到不会笑的小男孩，他妈妈没有耐心，导致孩子自理能力特别差，动手能力也很差，像不会穿衣服，或者经常尿在裤子里面。

陈老师：现在做父母、做长辈的都是感情用事，那不叫教育，佛法叫情执，执着于感情，感情用事。比如，这孩子他完全能自己吃饭，奶奶必须得一勺一勺喂，为什么？心里感觉到很舒服很痛快，你痛快了，可这孙子毁了。五岁了还不会用筷子，还不会用勺子。谁造成的呢？所以说现在一孩化的问题很大，真是六个大人就围着他转。你看在机场那小朋友出来，戴着个墨镜，穿着卷毛的衣服，摆个姿势，爸爸拿手机拍，妈妈拿手机拍，爷爷奶奶拿照相机拍。你说在这种环境下，孩子能不任性、能不傲慢、能不自私、能不轻飘飘吗？所有的坏习惯都是周围这些长辈由着性子给教出来的。好像这样是爱他，实际上是害他，把孩子全毁了。所以说不管是长辈还是父母，在家里在外边一定要记得，对待孩子的态度要符合圣贤的教育，符合《弟子规》。"父母教须敬听，父母责须顺承"，这是最起码的规矩。否则的话你把他当成小玩具，你把他当成开心果，你不知道在这个过程中，你在教给他一种错误的人伦关系，什么错误的人伦关系呢？"你们大家长辈都得围着我转，我是这家小皇帝、小明星，我不高兴了，你们什么都别干了，必须得伺候我来。"这不就是你教出来的？所以身教重于言教。你跟他说《弟子规》，他根本就不往心里去，为什么呢？你的身教已经给他定型了。哪一天家长不再围着他，不再捧着他了，他怎么样？他就失落，他就自杀。为什么自杀率那么高？当中年轻人很多，什么原因呢？要我说其中很重要一个原因，当姑奶奶太久了，当大爷的时间太久了，太脆弱了，从小是捧着的。

班主任： 我们遇到这么一个年轻的小姑娘，她是二十岁出头，她学传统文化也有两年了，但是这二十多年没有被批评过。

陈老师： 二十多年没被批评过？

班主任： 嗯，她是几个姊妹当中比较乖的，没打过她，也没批评过她。小姑娘在传统文化学校学了两年，我们跟她相处一段时间，发现她接受不了批评，我们还没怎么批评，只是帮她分析毛病习气，她就觉得受不了了，然后就要回家。在回家的路上爸爸就好言相劝安慰她，我说为什么这样？他说怕孩子想不开自杀，孩子已经接受不了批评了。

陈老师： 现在这样的孩子太多了，都是宠大的，遇到一点挫折他就要死要活。不要说古代，我们那个年代哪个孩子敢说自杀？那家长打不死他，他不敢。"你想干什么，你想要父母的命，你死一个看看，我们就当没生你，还让你威胁大人！"现在是正好相反，跟《弟子规》完全违背，孩子们会背不会做。家长做的跟《弟子规》是相反的，《弟子规》是晚辈恭敬长辈，子女伺候父母。现在是颠倒的，长辈恭敬晚辈，伺候子女。那结果是什么呢？你说的，稍微有一点小小的挫折，他马上崩溃，没有自信心了。所以《弟子规》上讲"闻誉恐"，听到赞叹总这么捧着，你要害怕，那是害你，那是灾祸的根苗。"闻过欣"听到别人骂你打你，指出你的缺点来，感到欢欣，感到庆幸。你知道自己还有人帮，我还有很多的毛病别人还愿意指出来，它是好事。现在是相反的，闻誉欣，听到赞叹高兴；闻过怒，那受不了。所以教出来的孩子就很容易自杀。违背了《弟子规》，自杀率高的原因是家庭教育的失败。

恭敬孩子的恶果

班主任：老师，现在很多家长直接跟我们讲，孩子是他的老师，有很多话我说不出来，他能够说出来。

陈老师：他夸自己的孩子，家长讲看到孩子我都惭愧，是不是？

班主任：对，老师，我们往往没办法教这样的孩子。因为他到学校来之后会挑剔老师、挑剔学长、挑剔环境，学长跟他讲："你看地方这么好，给你提供学习的环境、文具，包括吃穿住用。"他说："这有什么了不起，提供得太差了。"

陈老师：父母都不在他眼里，为什么呢？父母都是他学生，谁说的？他爸他妈说的。"孩子可把我们给教育了，我们都感到惭愧，哎呀，孩子是我们的老师。"这话是乱伦的，乱了什么伦常了呢？"长幼有序"。过去有一句话，那话真是传了很久，"天下无不是的父母"，没有父母的不对，敢对父母脸色不好，一耳刮子扇过去，你再说一试试，你再给父母脸色看，打不死你，都是这么教出来的。"父母教，须敬听"，孝子他只有恭敬心。现在父母恭敬他，就差给他磕头了，看着他还很惭愧。他说的是不是真话？是真话，确实孩子做得很好，我们家长没做到。能不能说呢？不能说！说了你就破坏伦常，增长他的傲慢。那你说孩子确实做得好，做得好怎么了，做得好是他应该的，那我们做得不好，我们做得不好慢慢学，不能表现出来。一定要明白这个道理。父母永远是尊，子女永远是卑，这叫人伦，人不能不懂，不能乱来。如果说他做得好、做得高，我们就对他恭敬，不可以。现在很多大学毕业的，看不起父母，什么原因呢？在父母面前，你要敢说个不字，那还了得，这就叫人伦。他不是因为学问，不是因为能力的高低而有丝毫的变化。你有俩钱了，父母地位就降低了，你做梦。宁可不要你的钱，也不能够让你不当人，这是从古至今的家教。没有比人伦再重要的了。很多家长看到好像孩子给自己钱了，甚至有那糊涂的想法，吃人嘴软拿人手短，把这话都用在父母跟子女的关系上了，真正叫"父不父，子不子"。你拿点钱往这一放、一扔你就走了，回来回来，啪嚓一个大耳刮子扇过去，你再试试，把你这钱拿走，滚蛋，臭骂他一顿，好家教！他敢？你跟谁说话呢？这种家规下不出逆子，否则的话他有学问，他有钱有权有势了就把父母抛弃了，那还了得！所以说现在家长糊涂，好像孩子做得好就要对他恭敬，你怎么那么糊涂，那不可以。是不是你孩子好？不是！你原来跟你的孩子是一样的，那你为什么变成这样，你孩子为什么变成那么好，什么原因呢？是圣贤教育让你的孩子变成这样的，你的恭敬心应该往那放，而不是往孩子身上放。惭愧心应该往没学圣贤教育上放，而不是往自己身上放，错了，你是爸爸妈妈，你是爹娘，可不能把自己降了，让自己掉价。他学了几年传统文化回来之后，我还得恭敬他了？那是乱伦，那是破坏了五伦，做父母做长辈的一定要懂这个道理。你再高的学问、位置，见到父母长辈，该当儿子还是儿子，该当孙子还是孙子！如果说他有一点点的轻慢，那你就得好好收拾他，否则将来是个伪君子，为什么？缺德。破坏人伦能是君子吗？我这话好懂，从古至今都是这么传下来的，那些家长他没有学过，所以他才会说这些话，那不能怪他们。

第二讲　送子比登天还难

班主任：我们节目播出之后反响很大，很多的家长给我们发来信息，其中有一条信息是这样的，这家长讲自己三岁的女儿性格完全像男孩子，而且这小女孩也不喜欢别人说她是女孩子，希望别人说她是男孩子，她特别淘气，而且脾气特别不好。

陈老师：凡是家长遇到这种孩子的时候，都要特别小心，不是好现象，为什么呢？它不正常。正常是吉祥、幸福、平安的基础，现在社会有一个基础，不要把反常的当成正常，甚至于忽略了，将来后悔就来不及了。小姑娘讲："不要叫我女孩子，我愿意当男孩子。"中国老话"生儿如虎"，像老虎一样，男子汉大丈夫很小的时候就有气派；小姑娘呢，"生女如鼠"，你看就像老鼠一样胆子很小，那是正常的，如果反过来就麻烦了。如果三岁就像男孩子，那到十三岁、二十三岁怎么办呢？她在大众眼里就是一个怪物，就是反常的人，她自己也会感到痛苦，人生种种不如意都是因为反常，所以在很小的时候就要管教她，最重要的是要给她一个很好的环境，家里人不要认为这个好笑好玩，所以我要提醒家长、周围的朋友不许跟她叫假小子，那是害她。你是觉得好玩、觉得她可爱了，等到她长大就不好玩、不可爱了，痛苦和灾祸就会降临到家里。所以要跟家里人、跟周围人严肃地讲出来，你们不可以这样逗孩子。你看《周易》里面讲"乾为阳、为天、为男子""坤为地、为阴、为女子"，这是自然的，不是谁发明创造的。她从小就反常，那么父母及家人要高度地警觉，要给她引导过来，要告诉她那是错的。所以周围的环境、她的习惯，统统要从小就改，这是最好的方法。

班主任：但是现在很多家长、老师不看重这些，很多家长看重孩子会背多少书，他会不会说话，学习成绩好不好，能不能考上大学。

陈老师：对。所以现在的老师仅有一点点可怜的知识，人生的阅历、吉凶祸福，他统统都不知道，他也不相信，他也没听说过。

孩子要先学《弟子规》以"明伦"

班主任：老师，请问小孩子人之始为学的根基是什么？在没有学习读书、没有学习其他的一些知识前，他的根基是什么？

陈老师：他最重要的根基是"明伦"。孟子讲，孩子在很小的时候，最最重要的是"明伦"，"明"是明白、明了、知道；"伦"人跟人的关系。你已经到人间来了，到家庭里来了，做我们的儿女来了，要给他讲你身为子女、子弟要有规矩。规矩是什么呢？《弟子规》就教给他一百一十三件事，一千零八十个字。最重要是父母给他出来看，他怎么待人接物。"三岁看八十"，换句话说，三岁之前的基础没打好，三岁之后的人生一直到八十岁都好不了，你说这三年有多重要。民间老话，"三岁看八十"这句话要不对，谁还会去传呢？我们家不是，你们家也不是，就没人说它。这话说了几千年了，是真理。我们不能小看中国民间的老话，那都是了不起的，高人就是用很通俗的话讲世间的真理，谁都听得懂，把它变成俗语说起来，那都是高人办的事情，他为什么要这么做呢？为了让天下人都幸福。你如果说得太高深，一般人普通大众也记不住。比如说"人皆有不忍人之心"，这话就讲不开，对不对？一般老百姓记不住，也不好懂，你跟卖菜的老大妈讲"三岁看八十"，到现在她还记得，因为她小的时候她奶奶就那么教她、就这么传下来的。所以把真理用各种语言在民间来流传，这是咱们中国古圣先贤老祖宗最伟大的地方。将来我们要开一堂课叫"说好中国话"，在这堂课里我们就会把民间的俗语、成语都讲出来，继续把宝藏传下去，大家张嘴就来话。有一句老话"得饶人处且饶人"，唱戏的过去都说，这些话常常听、常常说，对自己的人生大有好处。"生儿如虎，生女如鼠"，这不都是大白话，就像儿歌一样。喜闻乐见，它容易普及，而且好记好往下传，古圣先贤为了把这些天道人道的真理广宣流布，真是尽力了，所以说那位妈妈要是听过古话就知道那是有问题的。

班主任：老师，《弟子规》有很多部分讲了伦常。有观众就来信问，学习《弟子规》是不是毁坏佛法？他说《弟子规》相当于世间的一个行为规范，好的行为规范可以做一个好人，但要按照佛法的《十善业道经》来说，要求的会比较简单。

陈老师：他说的意思就是《十善业道经》更高？

班主任：对，更高。

陈老师：《弟子规》太低了，对不对？

班主任：对，是这个意思。

陈老师：他说的有没有道理？很有道理。《十善业道经》排在第三位，比十善业再低一点的是《太上感应篇》，这是道家的，更好做，佛家那高一点，《感应篇》是中学，《弟子规》是小学，这是最初级的，所以他说的对，确实是高，那他的问题是什么？

《弟子规》是学佛的基础

班主任：他问学习《弟子规》是不是毁坏佛法？

陈老师：学习《弟子规》是建立佛法，佛法在第三层，《弟子规》在第一层，咱们楼不从第一层盖，也不从第二层盖，直接盖第三层，你问他这楼怎么盖法？那第三层是好，看得远，风景好，那楼怎么盖？第一层不是破坏，是帮助，甚至说是必须的。净业三福的头一福"孝养父母"，你把它做到了不就是净业三福头一福，"孝养父母，奉事师长"。"三世诸佛，净业正因"，它都是靠这个当种子，《弟子规》做种子、做基础，你说它是破坏佛法，那就误会了，它破坏何在？哪里破坏？

班主任：做一个善男子善女人之前，得先是一个好人。

陈老师：他得先是个好儿子、好孙子，是不是？他在家里边是个好宝宝。你说他连好宝宝都不是，你说他长大了成个好学生，那怎么可能呢？好孩子都不是怎么能成好学生呢，好学生都不是怎么能到社会上变成一个好人？善男子善女人那就更了不得了，那要求就更高了。

《弟子规》是华严境界

班主任：这位观众说读《弟子规》一百遍不如读《心经》一遍的功德大，他说行《心经》可以成佛，读《弟子规》不能成佛。

陈老师：读《弟子规》一百遍是成佛的基础，这刚才已经讲过了。你能不能教给三岁的孩子读《心经》？你告诉他读一遍《心经》比读《弟子规》一百遍还管用，真的管用吗？他连人道的基础都没有。我们知道，整个六道里边最低的是三恶道，地狱道、饿鬼道、畜生道，一道比一道苦；上面是三善道，最低的是人道，人道、修罗道上面是天道。它有一个次第，你说孩子刚三岁、五岁，人道的基础都没有，你让他直接做佛菩萨，这是不讲道理。话又说回来，他这么执着于佛经，看不起《弟子规》，我看他信上也写道："我把《弟子规》力行了三年，我都做到了，我觉得还是佛经好。"我告诉你，你误会了，《弟子规》三年，你得出了这么一个结果，说《弟子规》不如佛经，说明你那三年学错了，你没做到。那何以见得呢？《弟子规》头一句话"父母呼，应勿缓"，什么意思？我们在讲席中多次跟大家讲，对于一般的小孩子你叫他，他答应了就是"父母呼，应勿缓"；水平再高一点的，咳嗽一声，孩子就过来了，为什么呢？父母是不是身体不大好，着凉了要感冒。你看，你没跟他用语言说，他就表现得比前面的好多了，这还仅仅是耳根。那人有六根，比如眼根，能看得到父母，有什么问题看得出来；耳根，听父母的声音；鼻根，能闻到父母的气味；舌根，能够尝，饭菜吃喝这些都能尝得到；触根，一摸能摸得到父母；意根，心里想父母怎么样。那么我问你，你这六根都能做到"应勿缓"吗？父母稍微有一点问题，你六根都管用。听一下、闻一下就知道父母身体怎么样，他有哪些需求。你小看《弟子规》，得先做到再讲话。所以《弟子规》头一句话"父母呼，应勿缓"，你的六根能不能伶俐到我刚才说的程度？你说我还做不到，那你好好学，你没有资格说它低，你都没做到，你怎么能贬低它呢？话又说回来，"父母呼"的"父母"是什么意思？你说是爸爸妈妈，那你还在小学一年级。更高的是什么呢，更高的父母还有什么？生我养我，还有什么生你养你？大自然，那是你父母，大自然呼唤你，是更高的父母。六根看了大自然没感觉，也不知道问题何在，所以你还要好好学《弟子规》，这是一层水平。再高一层，什么是你的父母？佛法常讲"父母未生前本来面目"，就说明你现在父母生你之前你还有一个出处，你是从哪儿来的？生你的才是你真正的父母，那父母是什么？自性，是你的自性，它变现出来的。佛法常讲"唯心所现唯识所变"，你从哪儿来？从心来的，心是你的父母。那好了，"父母呼"，父母是心，心在呼唤你，你能做到"应勿缓"吗？怎么个应法你知道吗？不知道，好好学《弟子规》。这头一句话，六个字，学一辈子。说实在话，它的境界是华严境界。你这就知道了，你怎么敢说《弟子规》读一百遍不如《心经》一遍，它是平等的，哪里来的一和一百？都是我们执着，看这个高看那个低，是造业，说这些话要承担因果责任。为什么呢？很多家长一听，算了，不要学了，背《心经》吧，你就误人子弟了。《弟子规》放在这里，《四库全书》一千五百卷放在这里，那得半个书架子才能装得下；这边是一千零八十个字，放在天平上一称，平等的，没有高低贵贱，《弟子规》做到了，它重，为什么呢？《四库全书》里是知识，它还不如《弟子规》，不如一千零八十个字重。今天我再补充一句，头六个字你做圆满了，那是什么人？那是菩萨，众生有求，他怎么样呢？"随众生心，应所知量"，一点不多一点不少来回应你，那是菩萨。父母还有大众、众生呢，都是自然的一部分，他们在呼唤你，你看得到吗？那不是菩萨境界是什么境界？所以这六个字是华严境界。你心里边还有这个好那个不好，那个高这个低，说实在话，你读一百遍《心经》也不管用，因为心是妄心。你心是佛菩萨的心，六个字你做到就管用，《弟子规》不会背没关系。所以说大家一定要明白，要多听老师讲经，这些道理你自然就懂，随便说很容易会误导大众，让很多家长把自己的孩子就毁掉了。我们见过有的孩子会背《无量寿经》，管用吗？不管用，照样忤逆父母。人道基础都没有，你背《无量寿经》有什么用？《无量寿经》的基础是净业三福，头一福"孝养父母，奉事师长；慈心不杀，修十善业"，你看这次第说的多明显，"孝养父母，奉事师长"这是《弟子规》，"慈心不杀"是《感应篇》，"修十善业"那是佛家的，一级比一级高。你如果站在三楼，你说第一层太低了，你看不起它，那你是怎么上到第三层的，你是飞上去的？你让天下孩子都飞上去？这不讲道理。好的东西要一步一步才能得到。有的孩子根性不一样，尤其是有很多人确实根性好，根性好也得从人道开始，为什么呢？你要做一个好榜样，因为你不学，周围的人就都不学，是不是？所以再好的根性也得跟大众一起学，他什么都做得圆圆满满，你不敢靠近，为什么？这是圣人，跟我不是一类，非我同类。他跟你就不亲近。所以说，对于那些聪明伶俐根性好的孩子就更要让他从最基础开始。

家长的心态要纯正

班主任： 老师，我们确实见过一个十岁的女孩子，学习传统文化有五年多了，孩子的父亲让她先背《无量寿经》，《无量寿经》背了有两年半的时间，背下来了，然后把它放下，又开始去背《楞严经》，《楞严经》又背了两年多的时间，又把它放下了。我们就发现十岁的孩子不会笑，这是第一；第二，孩子的父母从小夸赞她，她是在这种夸赞中长大的，孩子极其傲慢、虚荣，而且表现欲望特别强。

陈老师： "因地不真，果招迂曲"，你让孩子那么小就背《无量寿经》，居心何在？父母安的什么心？名闻利养的心，贪图你看我这高，求好的心。其实父母都是为了孩子好，但是心里边掺杂了名闻利养、五欲六尘，掺杂贪嗔痴慢这些东西，不知不觉就把这孩子毁掉了。《无量寿经》也好，《楞严经》也好，她会背，也会拿毛笔写，然后呢？没有人道的基础，这不行。这是个小怪物，何以见得呢？你说咱们家现在要吃午饭了，这一桌子饭菜是咱们活命的基础，对不对？那饭菜从哪儿来？你去问她，她给你背一段《无量寿经》，饭菜就来了？没有人道的基础，你还是得伺候她。所以一定要知道，空中楼阁害人害己，全家人害掉了，她会表演她会背，管什么用？所以一定要记得《朱子治家格言》开头就讲，洒扫应对，这些怎么样，让孩子"必亲自检点"，她得做。"父母呼，应勿缓"，"亲所好，力为具"，父母想要，她马上就做到，父母要下班了，房子收拾得干干净净，父母要吃饭了，做了一桌子饭菜。父母回来了，我给你背一段《楞严经》，她长大了当老师，谁会跟她学？你会把你的孩子找这样的老师去教吗，送这样的学校去吗？她会把你的孩子教傻了，佛经上可没这么教人哪。佛经上讲了，"孝养父母，奉事师长"，你怎么尽孝？背段《无量寿经》，这叫尽孝？那你看看《弟子规》那些事情，一百一十三件事她会做吗？都不会做，你背那干嘛呀？先要把人当好了，同时再背，但是它还是有点高。先要"明伦"哪，都是什么关系？爷爷奶奶、爸爸妈妈怎么应对？不要看他小，一两岁他就知道应对啦，给爷爷吃好不好？他就冲你瞪眼，他就藏起来，这就不行，这个小混蛋，你应对就错了，这就得教他，一岁他就这样，长大了他能好吗？自私只能是越来越严重，你想要的根本得不到，所以不能贪图形式，穿上你们这样的衣服，干干净净，往那儿一站，弹段古琴，跳段汉朝的舞，琴棋书画，那些东西叫才艺。"不力行，但学文"，文学文艺，"长浮华，成何人"，你小看《弟子规》，这一句话就告诉你将来孩子的灾祸是从哪儿来的。

第三讲　为什么读书

花言巧语心不定

班主任：老师，我们发现很多嘴巧的孩子在读书的时候，往往比那些不会讨巧的人，学习成绩或者学习能力要差很多。

陈老师：对。

班主任：他甚至没有办法把心安定下来去学习。

陈老师：对。古人告诉我们"讷于言"，这是有道理的。为什么说话要缓慢、要迟重？心得是安定的。所谓"巧舌如簧"，应该是太能说了！他的心是乱的。一定要明白这个道理。所以说，学传统文化为了什么？理论、方法、目标，就是三个字——戒、定、慧。所有的目的都是让他开智慧，成圣成贤。不是来这儿学知识，死记硬背。他自性当中本有的智慧打开了，就是教学成功。智慧从哪里来？从定来。没有定，哪来的慧？很多大学教授办傻事，很多高学历的人做了官被抓起来，有大灾难，被枪毙了。学历不能够给他带来幸福，知识文化都没有能给他带来平安。什么原因？没有智慧！知识和智慧是两件事情，不是一回事。我们这么说吧，无所谓传统文化，因为讲传统文化是为了和现在学校教育区分开，古代没有这些东西，就是受教育。目的何在呢？就是一句话，最低的是趋吉避凶，中等的成君子，然后贤人、圣人，这是他一生的理想，"读书志在圣贤"，所以"万般皆下品"。你说你们家再有钱、官再大，那也是万般皆下品！为什么只有读书高呢？读的是圣贤教育的经书。最后人智慧打开了，他能趋吉避凶。真正大丈夫！他所做的事情，是千古流芳、万古流芳的事业，岂是现在这些人能比的？你说你企业家、高官、明星，这能比吗？所以，价值观古来就不一样。不像现在这样，人欲横流，物欲横流，名利心那么重，不受人尊敬。一个名利心很重的人，不管走到哪儿，都不被人看重。人家对你点头哈腰，实在是硬头皮没办法，有求于你，其实他心里也是看不起你的。这是古往今来的人性。一个人很穷，但是他有德行、有学问，还有能力，谁不尊重？诸葛亮，只是茅庐当中的一个农夫，耕读为生，万古流芳，宰相当中的榜样，"读《出师表》者，非堕泪者，其人必不忠"，你看看，他是什么心？如果现在，我们的国人都是以吃喝玩乐、名闻利养为生活目标，为求学的目的，那么这个民族不配作伟大的民族。它有什么资格伟大？不要说别人，你自己都看不起自己，这有什么了不起？低下、龌龊，不受人尊敬。品德、学问、能力，这是古来教学的唯一的标准。不管你学没学过，不管中国外国，只要遇到这样的人就会敬佩。而且能够让你的家，让你的单位，让你的民族代代传承，不会灭亡，不会有灾祸。所以有人就讲，那古代也有好多的祸乱、奸臣，但那些都是圣贤教育丧失了之后的恶果。所以，古往今来，不管儒家的、道家的，还是佛家的，修学的原理原则就三个字——戒、定、慧。因定开慧，他才能成圣成贤。定是个枢纽。那么定是怎么得到的？持戒。戒律有很多，分小戒、大戒。高一点的，菩萨戒，沙弥律仪。再往下，十善，这都是戒律。再低一点的是什么？再小一点的孩子学什么呢？学《感应篇》，这是道家的。再低一点，就等于是基础了，就是做人起码的一点点规矩，一两岁就得教的，那就是《弟子规》。它是戒，所以说，这个东西从小就一点一点教。小戒持好了，再持大戒。最后怎么样呢？小定得大定，最后开慧了，开悟了。就这么来的！话多的孩子心不定，原因何在？他的嘴没有戒住。为什么要挂个止语牌？那是持戒的意思。提醒他，警告他"话说多"……

班主任："不如少"。

陈老师：对，你们都知道"奸巧语"，那就升级了，他话不但多，还奸巧，那就离灾祸靠近了。话多就是根苗，你发现有端倪出现。所以说，教孩子的大学问都在古圣先贤的经典里。当然了，你说这孩子刚学会说话，咿咿呀呀的，唠唠叨叨的，那我们理解。过了这个时期，就告诉给他，"话说多，不如少"。你们一定要记住，任何人，无论是孩子还是大人，话少心就特别清净。话说多了把自己都说烦了，一天天心烦意乱就会做糊涂事，说糊涂话。怎么来的呢？心不安定。有人说了，成圣成贤的标准太高了，我没有那么高的想法。那好，咱们就说这一天，你要不要不说糊涂话、不做糊涂事？你不要有糊涂的想法，不糊涂就是有智慧的表现，那就是慧。怎么得到"慧"呢？你得有定。成圣成贤，那是大定大慧。你现在怎么样呢？你现在用不着那么高，你要有一点小智慧，那你就得有点小定。你说一点儿定都没有，那你就是净做糊涂事、净说糊涂话。所以，小小的定，从嘴开始。《无量寿经》上讲："善护口业，不讥他过。"为什么把这个放在第一位，身业、意业放在后面呢？因为人很容易造口业。

班主任： 不知不觉的。

陈老师： 张嘴就来。所以你就知道，口恶业有四种：头一个是"妄语"；第二个就是我们今天提的花言巧语，叫"绮语"，比如你说的那个不吃面条的孩子，他给你说糊涂了他也不吃，就是绮语，从小就造口业；第三个是"恶口"，说话很难听，讽刺别人，挖苦别人，骂别人，怨恨，是恶口；第四个是"两舌"，搬弄是非，当着张三说李四，当着李四说王五，背后鼓捣。口有四种恶业。如果你的孩子有的话，你看佛经上讲因果报应，讲得太清楚了。说话，常常存好心、说好话，说的都是如理如法，符合伦理道德。你看有的人，他说话可费劲了，别人不相信，怎么说别人都不相信。什么原因呢？这是恶报。佛经上说的，常造四种恶口的业，最后说话没人信。还有的人，他一说话，口里味道很重。什么原因呢？前世或者这一世口业造得太重了。所以要忏悔，不能再花言巧语了。

班主任： 还有说话口吃或结巴。

陈老师： 对，所以说，种种在嘴上的这些恶报，都跟口业、说话有关系。你不想要幸福人生吗？反过来，你不就想避免这些灾难吗？你不在人世了，你想给孩子留什么？不是钱，钱能给他带来杀身之祸，那是糊涂的做法。你总有一天要离开孩子。在我小时候我的父母常常跟我讲，父母不会跟你一辈子，就是教给我自立。该怎么待人接物，怎么说话，怎么做事？我经历过唐山大地震，人说走就走，一场灾难来了，孩子活下来了。这些孩子怎么活？父母教给他的都是错误的观念，教的都是好吃懒做，这孩子能活得好才怪呢！那这些书，这些传了几千年的圣贤经典都成废话了，你说那可能吗？你自己可以试试。

背经典的真正目的

班主任：老师，小孩子从小就背经典，是不是也是在修"戒定慧"？

陈老师：小孩子背这些书，背经典，真正的目的并不是说让他背多少多少字，倒背如流，是让他在背的过程中持戒、修定，然后开慧。真正开智慧了，那些经典他都可以活用；智慧没开，背了很多，那经典是死的，就变成了知识，那不是智慧。一定要知道，知识和智慧有本质的区别。什么叫作知识，什么叫作智慧？他把经典都背下来了，好像也会讲，也会正体字默写，然后跟他生活没关系，这叫什么呢？知识。第582页写的什么，他都给你背下来，这是知识。跟生活没关系，用不上。能够解决你的人生一切问题，趋吉避凶，叫智慧。他把经典活用了，会背还能用，能落实在自己身上，这是智慧！所以说，我们要知道为什么让孩子学这些。通过在背诵的过程中，眼根都摄在经典上，耳根听着自己的声音，手指头指着，心里面想着，学佛的人还敬上香，鼻子闻到香气，嘴里面每天吃到的是什么呢，素菜，喝的不是可乐，喝的是茶叶，"禅茶一味"，六根都是好东西，所以他常常在定中。通过这种方法他就得到了定，定得到就开慧，所以孩子们背书，是让他开智慧，目的在这儿。背了一大摞经典，越背越傻，那不行。所以背书要会背，教孩子要看得明白。一定要让他在背的过程中持戒，六根都戒住，眼耳鼻舌身意，都戒在经典上，这就叫持戒。他眼睛不乱看，耳朵不乱听，六根都不造恶，这不就持戒了，他自然就得定。一定记住，得定他开的慧，是人人本有的慧，你不要说求来的慧，外边没有慧，是他自性里边本具的无量的智慧。

班主任：是不是说他没有读过一本书，一旦开慧了他拿过来就会讲了？

陈老师：六祖慧能大师就有这种能力，慧能大师不认字；伊斯兰教徒都知道，先知穆罕默德不认字。你看这两位都不认字，都能给人讲经说法，你学了多少年，大知识分子、大专家，你到他这儿来请教，他讲给你，你就明白了。六祖慧能大师、穆罕默德先知，他们都能证明给你看，智慧不是从文字、知识里来的，是从你自性里边透露出来的，慧能大师说"何其自性，本自具足"，你本来就是佛。

经典成了名闻利养的工具

班主任：老师，我们还看到一种现象，有些孩子的父母学佛，也学传统文化，让孩子背了很多的经典，但是在我们刚刚接触到孩子的时候发现，孩子话很多，坐不住，而且他说着说着就什么都敢说，开始胡说八道了。为什么他们没有达到像您说的"戒定慧"，这种培养方法出了什么问题？

陈老师：问题出在家长和老师不是内行，以为背经典就是在那儿不停地背，数量越来越多，孩子的心越来越乱，他不定。一定要记住教学的方向和目标是什么，是开慧，成圣成贤。孩子成圣成贤但智慧没开的事是不存在的。所以，古往今来，这些伟人、圣人、贤人、君子都有个特点，都有大智慧。没有一个人是笨笨的，是个蠢蛋，他们都从智慧中来，智慧从定，定从戒来。儒释道都是这么修。

班主任： 老师，确实是这样的。很多在家里背经典的孩子，或者说以前也学过传统文化的孩子，七岁都会背很多篇《古文观止》了。但是来了之后，我们还要先从止语、静坐、肃立这些开始，重新来。

陈老师： 对，他会背《古文观止》，会背《大藏经》，会背《四库全书》，但都是空中楼阁，用不了多久就忘了。你说这孩子他真没忘，他还记得，他记住了用来表演，用来名闻利养，他没德行。所以这些东西都变成他谋取名闻利养的工具。这和圣贤的教导是背道而驰的。"唯德学，唯才艺"，德学是第一位，"不如人，当自励"。他不把德学放在里边，不知道德行为何物，只知道能背，这些东西都会成为他灾祸的根源。你不会还好点，越会越让自己的人生不幸。所以，德行比什么都重要。德行从哪里来呢？持戒。持戒让你断恶。比如，"凡道字，重且舒"，你又不重又不舒，就说话轻飘飘又很快，这叫破戒。你说话要重且舒，那叫持戒，时间长了，心就定了。用外在的形式实现内心的安定叫"礼教"。说话做事言谈举止，都合乎礼法，就叫"礼教"。合乎规矩，"礼"就是规矩。所以说，待人接物都有规矩在，这些规矩都是为了持戒，让你的心安定，最后达到开慧、成圣成贤的目的。为什么要学《弟子规》？它是基础，它是原点。连说话都说不明白，连"勿急疾，勿模糊"都做不到，你说你想成圣成贤，没有基础，你自己能相信吗？这个地方破戒，那个地方破戒，一百一十三件事，件件做不到。有的孩子来了，背段《心经》，父母可高兴了，拿出来，这是我孩子写的、抄的，你看这字写得多漂亮，都是名闻利养的工具。圣贤的经典不是让你干这个的，是拿它用来修身的。你就明白，为什么人要学《弟子规》，不要小看一百一十三件事。白居易去问老和尚佛法真谛。老和尚讲：诸恶莫作。我相信恶里边就有说话又不重又不舒缓的，这是破戒，算是小小恶。"诸恶莫作，众善奉行"。"重且舒""勿急疾，勿模糊"，这是小善，你得奉行，"众善奉行"，一个都不漏，漏一个那你就是破戒一次，"自净其意，是诸佛教"。白居易说，三岁孩子都会这些，你怎么跟我说这个？老和尚跟他讲："三岁孩子都会背，八旬老翁做不得。"八旬老翁做不到，你不要小看，那得有真功夫。曾国藩，你看他立了多大的功，把大清王朝救了。所以，毛主席年轻的时候就讲，"独服曾文正，观其收拾，洪杨一役"，佩服到家了。你看他是几省的总督，半个中国归他管，他手里还有兵权。好多人说你造反了就是皇上了。曾国藩蘸着茶水在桌子上，一句话不说，连着写了好多个"痴心妄想"的"妄"。他为什么会这样？他为什么不造反？他如果造反，又出来一个贼子。有人就问，曾国藩傻不傻？他不傻。他有能力。他得了大清的江山，他做了皇帝，他荣华富贵顶多几十年就享光了，但是他给后世做了多大的坏榜样，臣不忠！有了势力就造反，这行吗？所以，他不干这种事情。他在桌子上写"妄"，你们那是虚妄，怎么能这么想呢。所以说，一个国家要想安定，臣子们不学儒释道，没有君臣之义，怎么可能安定。你看这么一个权倾一时的人，到现在没有人不赞叹不推崇他的。大家都知道，一书一训都是宝典。一训，《了凡四训》，改造命运，人人都要学；那么，一书呢，有人讲是《安士全书》，我说是曾国藩家书。曾国藩自己也知道，我们家以杀人为业，不是好事，不愿意杀人。他到晚年给自己的孩子讲的话，还是说话要稳重，言谈举止要稳重。你看，还是《弟子规》，就是让他终身持戒。你能说那么了不起的人还不如你么？人家建功摆在那儿，你看他的家书教育了多少人，连蒋、毛这样的人都佩服得五体投地，你说你不佩服，也行，你就不怕别人说你狂妄吗？

第四讲　怎样背书不忘

背经典的初心很重要

班主任：我们见过一个女孩子，今年已经十四岁了，是由爷爷奶奶带大的，这个孩子从四岁开始学习传统文化，到现在已经学习十年了，孩子学习十年的唯一成果就是背过十八部经典，但今天我们见面的时候一问，这个孩子已经把十八部经典忘得差不多了。

陈老师：你们有没有问她为什么都忘了？

班主任：没说为什么。

陈老师：我们见过很多学生背了很多的经典，最后都忘了。什么原因呢？我想原因很多，比如教学的方法、学习的方法，或者孩子经常换学校等。其实还有一个原因，就是在一开始的时候就没有清楚地告诉给孩子为什么要背这些。我们知道，初发心是很重要的。你看他身上穿着传统文化的衣服，背得字正腔圆，但也只是为了将来回去给爸爸妈妈、爷爷奶奶争口气，他背书是为了表演，为了名闻利养。"因地不正，果招迂曲"。"因"就是种子，他的初发心就不纯正，里边掺杂着名闻利养，结果就感招迂曲，"迂曲"是什么意思呢？你很难得到好结果，有很多挫折，很多不如意，甚至失败。这个孩子就"果招迂曲"了，我们要反思，在学习的十年中，应该每半年、一年就检查他怎么学的。父母要高度警惕自己把孩子教成什么样子了。一共有三个标准，第一个就是德行，具体来说就是能不能做到《弟子规》的要求，比如"父母呼，应勿缓"，这句话的意思是：父母咳嗽一声，孩子马上拿过毛巾和纸，端过水；"父母呼，应勿缓"，意思是孩子的心在父母身上，坚持孝道就有了孝的德行，父母教训孩子，不管是对是错，孩子都恭恭敬敬地听着。《弟子规》有一百一十三件事，你要考核孩子的表现，老师用这个考核学生，家长也用这个来考核。考核什么？考核孩子，同时也考核学校，方法不合适就要赶紧停下来。我总用这个手势来打比方，这个地方是原点，孩子到这个地方用了多长时间？过了十年才发现错误就太晚了，再把这一身错误的毛病习气和观念改掉，还要十年、二十年，这就回到了原点。这时孩子多大了？二十四岁了，二十四岁重新出发走到这儿又花十年，到了三十四岁。其他人从四岁开始学，到这个地方用十年，十四岁就有所成就了，这样一比相差太多了！所以说要经常检查，在德行与学问之间，学问排在第二位。父母要反思自己在德行、学问、能力的教育方面做得怎么样。老师也要每天反思，不能让学生边学边忘，学校教育不应该让学生忘记自己所学。今天我们看到了很多因地不正的人，他们的初发心都有问题，不止是父母的初发心，还有老师和孩子的，他们教育和学习的结果都不会好。你为什么让孩子学传统文化？有时候我们在不知不觉间说错了话，说什么给爸爸妈妈争脸。错了！他为什么学习正宗正脉？是为了成圣成贤。贤的特点头一个是什么？不自私，爱别人。这两句话说到了根本，圣贤的标准就是孩子将来的方向，你是不是想让自己的孩子将来做一个不自私的人、一个舍己为人的人、一个发扬光大正法的人，这是不是你的目的？这就是最纯正的目的。有人认为自己没有这么大的心，那么也可以退而求其次，一退再退，最后退到底怎么样呢？我为了让孩子给我脸上争光，里边掺杂着各种毒。贪嗔痴慢疑是五毒，就好像这杯水里掺了毒，你敢喝吗？你敢给孩子喝吗？

孩子背经典的方法

班主任：老师，刚才您说的是孩子背书的初心，我想问您孩子应该用什么方法背书？我们以前看见孩子背书都是死记硬背，比如背诵一小段古文，可能用了五分钟、十分钟就背下来了，可见背得很快，但是没几天就忘了。那么孩子到底怎样背书是最好的？

陈老师：我们做家长、做老师的，看到孩子忘掉了所背的经典后要难过，现在有几个老师、家长会难过？为什么会难过？我对不住这孩子，这么好的一块料，我怎么就不能把他教好？他忘了，我们就要从这么多的经典和文献中，找到最好的方法教他，让他永远都忘不了。你有没有发这个心？家长也好、老师也好，只要孩子忘了，自己就白教了，都对不住孩子，让孩子把生命时间放在这里，最后结果却不满意，我还有脸当这个老师吗？你叫我老师，我还无地自容，为什么呢？我浪费了你的时间，而且还把错误的方法传出去了，背书的时候不要贪快，不要贪成果，贪成果的心也是贪心，你贪它干什么？这些经典，基础的经典，一定要让它扎得牢牢的，用什么方法呢？古人有个方法大家可以参考，读一百遍，一本书拿过来，小朋友用手指着读，一个字一个字指着读，为什么要用这个手指头呢？孩子一放下手指，脑子里就开始瞎琢磨了。用手指头指还不够，还必须得是一个字一个字地指，指着东他说西那能行吗？你就可以教训他了，他就不敢看着这个字读那个音，所以手、眼、心、口都到，叫指读。声音要嘹亮，不要太快，太快他就不过心了。"弟子规，圣人训，首孝悌"，读得很快，时间长了他就从嘴上走不过心了，他也不可能指那么快，所以动手的目的就是让他语速慢一点，语速慢下来就能让他心不要太浮躁，那么小还是安定下来好，那么读多少遍呢？读一百遍，你们是班主任，都有这个经验，这一段话一百个字、二百个字，要读一百遍、背一百遍，那么这段文字应该张嘴就来了，有的时候他顺口就说出来了。你看你们都有这个经历，学生们张嘴就来了，但是隔一段时间要考考他，考不对还要打手板、打屁股，他就记得为什么挨打？你就问他："你为什么忘？"学生要把全部的精力都用在学问上，你怎么能天天胡思乱想想别的呢？该打！他一听说挨打赶紧快记，隔一段时间考一次，隔一段时间拿出来复习一次，读一百背一百他就能够扎根，你千万不能说我就放那儿了，那他很快就会忘，因为不管背多少经典，最重要都是在生活当中常用，教学要记得这个。把那孩子叫过来，"哪里做错了？"想不出来，想不出来把这个茶杯"看看"，又放错位置了，违反哪一条？想！想不出来别吃饭了。这样教训他，一辈子都忘不了。哪一条？《弟子规》上讲，你要告诉他"读看毕还原处"。放原来的地方，那说的不是茶杯呀，是说一本书，茶杯和书有什么区别？他就明白了，是什么东西用完了都得放回原处，他到了八十岁，他就给人家去讲："我那个时候七岁，我的老师就这么教我的，指着茶杯跟我说一本书要还原处，我才知道茶杯跟书是一回事，那一年我七岁，我站了好久，中午没吃饭，我一直记得'读看毕还原处'。"要会用，所以他将来上台讲经说法讲课就生动，一切经典都跟他的生活息息相关，跟他的生命相关，他就是这么活过来的，他都做到了，他就是一部活的《弟子规》。而现在是死的《弟子规》，为什么呢？《弟子规》跟他没关系，你培养出来有什么意义？东西都乱扔乱放，还得是父母在后边给他收拾，家长老师在后边给他当保姆、给他当秘书，这样的人出来报废了，这有什么意思！这就是伪君子，他自己不能做到，经典跟生活没关系。所以背得多就一定要知道，老师要常常挂在嘴边，在生活当中对他是一种教育，告诉他这些东西有多重要，你不能这么做，要是这么做你的家就乱套了，你将来做了官你那个地区就乱了，是不是？"读看毕还原处"这是规矩，君子、圣人、贤人就是这么教出来的，读一百遍背一百遍，会背不会用不管用，他会用了他记得很牢，他看到什么，心里就都知道那是标准，千百年来传下来的，从来没有改变过这个标准。怎么读书呢？怎么学好了呢？别着急，读一百遍背一百遍。我们再加一门课程，第三个是什么呢？正体字默写。背是一门功课，读是一门功课，正体字默写是一门功课，现在大家常常讲繁体字，认为正体字不是繁体字，那是错误的，正体字要默写得方方正正，写得乱了还要扣分，字迹污染、卷页都不行，规矩呀！

班主任：而且字不能太大也不能太小。

陈老师：对，它有标准的。

班主任：对。

陈老师：第四门功课要会讲解。这一百个字什么意思？大概意思不要太深，讲讲大概意思就可以了，要帮助他理解，让他知道"读看毕还原处"是什么意思，可见罚顿饭、挨顿打很值！现在很多家长溺爱得不得了，你得知道挨打对孩子人生有多大的好处！中国的孩子要从小吃苦，长大才能成才，到了四五十岁以后就了不得啦，用现代话，到了晚年他就成为"老教授、老专家"，国宝级的人，临退休就桃李满天下，他的学生都来了，过去做官的都有学生，都有自己的弟子，所以他们"君""亲""师"这三样没有一样能舍掉。你看曾国藩有很多门生跟他学习，那些人也不全是官员，就是把他当老师，所以从古至今很多官员都办学校，退休了之后去当老师，也就是说过去的官员都是士，"士农工商"的"士"，现在的话说是读书人、知识分子。到了晚年他就享福了，多少人照顾他，因为他把那些人培养好了。现在做官苦啦，在职的时候怕检察院、法院找他来，心惊胆战；退了休之后没人理他了，那有什么意思！一直到清末古人做官都还是这样，你看那个张之洞，多了不起的人，他有两部书，一个是《书目答问》，一个是《輶轩语》，我劝大家好好学，他曾经做过四川的督学，就像教育厅厅长一样，到现在我们还在学这两部书。我告诉你求学的门径，给你开个书单，这些书必须看，要想有学问除此之外没有别的路。你不读书没有学问不行，什么都做不了，所以老师到晚年是快乐的、幸福的，别人只有羡慕的份儿，别人谁都得不到，只有老师才能得到。真正的好老师不要钱，不收任何东西，就是希望把这些学生培养好，传承命脉，他就是做这个的。所以关于怎么背书，古法就是这个，读百遍、背百遍、正体字默写、会讲解。会背五十篇古文，你拿到《四库全书》的钥匙，你可以看了；会背一百篇，你会写了。民国时期的小学生作文，现在研究生写不出来，为什么呢？传统文化断了四代、五代了，从 20 世纪初就不学了，那时的民国政府不要求学生读经，都讲白话文去了，说也白话，写也白话，文言文看不懂了，中华民族五千年、一万年的宝贝不认得了，尤其是文字改革，把正体字变成简体字了，打开这些正体字的书都不认得，你说可怕不可怕！本来你能够跟古人对话的，这回可倒好，麻烦了，真的不认识了，找不到祖宗了。

读经典要发出声音

班主任：老师，有一些孩子在背书跟读书的过程中默读、默背，那么读书为什么一定要发出声音？

陈老师：我们知道人有六根——眼根，耳根，鼻根，舌能尝，身体能触摸，心里能想，六根。凡是人都有这六种功能，佛法告诉我们，我们娑婆世界，我们地球人有个特点，耳根最利，也就是通过耳音受教，这比其他世界的众生好很多，这是我们这个地方人的果报，我们很伶俐，耳根最利。如果读书不出声音，一般是周围的环境不允许，比如大家都在这儿上自习课，不许出声音，否则太吵，那就是默读；当然也有可能是周围邻居嫌太吵。只要环境允许的话就要把声音放出来，耳根就听到了，你在读书的时候眼根用到了，手触根用到了，三根再加上个意根共四根，心里想着它，你就都摄在经典上。

班主任：六根都摄。

陈老师：对呀，你说你耳朵听不到，手没有指，是不是？嘴巴还没说，是心里默念，那就一根，做一遍功课，一根和四根没法比。尤其是要让小孩子养成这个习惯，把它读出来。

班主任：朗朗的读书声音。

陈老师：朗朗读书，大家有兴趣可以去查查《说文解字》，"朗"这个字是什么意思，这个字不白用，用在读书的前面一定要朗，声音要朗，它能把人的心智，甚至阳气都抒发出来，它不郁结在里边，抒发出来，阳气充足，这个是小孩子应该有的样子。

孩子从小要严加管教

班主任：刚才我们提到的女孩子的奶奶跟我们讲，现在很多传统文化学校，包括很多的家长不赞成对孩子严厉管教，比如这孩子平常怎么站、怎么坐、怎么走、怎么说话，这些都不管，甚至还有一些家长讲，孩子小他不懂，这些你不用管他、不用教他，等他长大了就自然而然地懂了，就不去做这些不好的事情了。

陈老师：现在家长和老师脑子里错误的观念非常多，就像你刚才讲的，孩子还小他不懂，这个孩子要懂的话，胎教就没有意义了。我们看古书都知道，周朝三太教育孩子有保妊之法，那就是胎教最早的经典记载，到现在三四千年了，可了不得，一直往下传，这是我们中华民族在世界上绝无仅有的宝贵的遗产——胎教。一个人来投胎，在妈妈肚子里就非常灵敏，喝一口水很热，就像大热地狱；喝口凉水，他就像寒冰地狱，他感触非常的灵敏。有一个孩子，刚一岁多，他表现很奇特，喜欢看打麻将，为什么呢？妈妈在怀他的时候就打麻将，妈妈的肚子顶着麻将桌，稀里哗啦稀里哗啦，孩子隔着肚皮什么都听到了，所以他出生之后就对打麻将的声音非常敏感，看到了听到了都要凑过去，这就是胎教。他还是个小胎儿的时候就这么灵敏，就印象深刻，他出来之后都记得，都知道，都成了习惯，你还敢说小的时候不用教吗？不用教可以，等到这些坏习惯都养成了——站没站相、坐没坐相，不像正常人说话，一点恭敬心没有，跟《弟子规》都是相反的，等到他五六岁没法管了，你想再管来不及了。

班主任：现在很多孩子三岁就没法管了。

陈老师：我遇到过一位老爸爸，五十多岁，老来得子，上海人，他有一次跟我讲，你们这个传统文化学校都学什么，他问了好长时间，问到最后他把真实的想法说出来了。他是做生意的，已经管不了五岁的儿子了。他说自己说孩子都不听，问我有没有办法，我说我也没什么好办法。那为什么没有什么好办法？根出问题了，就像一棵树一样，它的根有问题，根坏掉了你怎么救？从胎教就有问题，现在人不讲这个，都听西方的，不信老祖宗的了。五岁都管不了了，他流眼泪了，他说我将来怎么办？我说你说得很对，你将来怎么办？你现在已经五十多岁了，你将来到了七十岁，那他正是要你命的时候。十几岁、二十多岁，给你来两下你受得了吗？你不要认为不可能，那些进监狱的、打父母的、杀父母的、杀老师的、打老师的，难道生出来就是这样的？小时候不都是乖乖的、胖胖的很招人喜欢的，为什么最后变成这样呢？因为小的时候不严加管教。如果这些家长说的是对的，那《三字经》就错了，《三字经》没必要传这么长时间哪，错的东西能传这么长时间吗？"教不严，师之惰"，老师为什么不严厉管教？有人误会说严厉管教是不是使劲打他？不对，什么叫严师？你拿个皮鞭，我拿把刀，那我不比你更严吗？不对，你打他十下，我打他五百下？不是。什么叫严师？不能容忍他身上有一点小毛病，全让他改了。这茶杯放这儿，必须放这儿，错一点都不行，这是规矩！很多家长理解不了，那是因为他没学传统文化，他真的明白了就知道，四个根要都要落实，《弟子规》《感应篇》《十善业》《沙弥律仪》，老师坐在这儿，你看边上那个侍奉老师、侍奉长辈家长的小童子，不让他说话他就不说，他要是敢在不该他说话的时候说句话，老师一咳嗽他就得跪这儿，为什么呢？害怕，知道自己错了，规矩就这么严，错一点都不行，用你们的话说，"那孩子不就傻了！"对！那你看这些书都是谁写的？像是傻瓜写出来的吗？写这些书的人统统都把四个根做到了，你做不到你写不出来，所以人说话要有证据，如果不在小的时候严加管教，那么坏的习惯就形成了，站没站相、坐没坐相、随便说话、没大没小都来了，你觉得这是孩子的天性，那是胡说八道，他天性是"人之初，性本善"，然后"苟不教，性乃迁"，那么好的天性改变了，什么原因？苟不教，你没教他，谁教？老师教，老师应该怎么教？严教。"教不严，师之惰"，老师有罪过，所以当老师非常辛苦，不是一拉铃就下课了，好学校哪有下课的时候？下课也是上课，上课也是下课，没有上下课，什么意思？好了，这堂课讲完，孩子们出去，一个一个地看，走得不对了，过来，怎么走路呢？不许驼背，别缩脖子，一个一个地教，你得告诉学生这样好看吗。他要成为正人君子，怎么能做到？时时处处都要注意，时时就是全部的时间，处处就是全部的地方。你说这老师怎么当？而且老师还不要钱，全世界哪里去找这么好的教育！只有我们中国有。有人问：孔老夫子收不收学费？好像收束脩、腊肉，那个时候的几条腊肉，为什么要收这个呢？说实在话，慈悲到了极处，为什么呢？要告诉家长和孩子，当老师不容易，拿这一点东西意思意思，为什么呢？礼节不能失，这是对老师的尊重。说实在话，老师还给家庭穷困的学生补贴钱呢，你就明白什么叫严师，他无比爱这个孩子，才能观察得非常仔细，要不然你看不出来。摆在你面前这么多毛病都看不出来，为什么？第一个，老师和家长的标准混乱；第二，他知道错了也懒得管。好老师不好当，所以说严师就是时时处处让你想着他、看着他、听着他，把他毛病给他改掉。这在今天的社会更难教。你教他半年，他刚有个人样，回去之后他那姑姑跟他说两句，白教了，爷爷奶奶爸爸妈妈说两句错误的话，白教了。人家还恨你，为什么呢？怎么给我们孩子教成这模样？他应该像那些孩子一样，在屋里边打成一锅粥有个性，是不是？好！你怎么给我们教成傻子了呢？他不识货，他不知道这是正道，所以现在传统文化学校有很多不纯正，教点古代的，教点东教点西，最后出来的孩子就像一只五彩灯泡，身上什么都有，一会儿给你鞠躬，一会儿给你磕头，一会儿他又把蛋糕扣你脸上了，你说他什么不敢干。

孩子以自杀相要挟是大逆不道

班主任：老师，在有的传统文化学校，老师也想对学生负责任，他会考核学生，但有的家长跟我们反映，他不知道考核标准是什么，就问孩子："别在这儿，你去别的地方学习吧，别在这儿学了。"那孩子说："不行，我就在这儿学。"老师说："我们这儿不收你。"孩子说："老师，你要不让我在这儿学我就自杀。"老师一看这个孩子愿心坚定，就说："行，你在这儿学吧。"

陈老师：如果这个孩子说不让我在这儿学我就自杀，那你要告诉给他这就是大逆不道。《孝经》上讲："身体发肤，受之父母，不敢毁伤。"都爱惜到这个程度，为了父母，怕父母难过。"身有伤，贻亲忧"，你怎么敢随便说自杀呢？我们（二十世纪）六七十年代的小孩子要敢说这话，那家长一个耳刮子扇过去了，孩子真不敢说了。父母还让你要挟了！你说这个话父母得多难过，你一定得改！你还敢吓唬父母了，过去的民风和家教就是这样。现在是父母看孩子脸色，他是不是要跳楼自杀？惯的，都是惯的。现在你看电影电视都教这个，周围的同学说得都是这话，你死给他看他就害怕。老师也不敢惹学生，你稍微批评严重了，家长就得找来，你怎么把我们孩子说成抑郁症了？昨天一晚上他在那儿哭。老师还怎么敢教他？像你刚才讲的，这孩子说"不让我在这儿学我就自杀"，老师说他愿心坚定，师生双方都是糊涂人。所以我们一定要知道，要想把传统文化教好，把学生教好，老师要是个明白人，不能说胡话。孩子来了以后，你先问家长有没有离家出走、寻死觅活的毛病，要是有就不要到我这儿来，我这儿不是看守所、不是监狱，没有人背着枪站岗天天看着他，在我们那个年代没听说过这样的孩子，哪有这样的孩子？动不动要死要活的干什么？都是惯的。谁惯的？西方价值观在我们脑子里惯的，"要尊重孩子，他有他的人权"，你尊重他吧，他从小明白这个，行！他跟你分庭抗礼，你再说一个我死给你看，他就敢说这个，你还不敢说话，为什么呢？他有他的表达权，你怎么办？

打孩子之前要先把道理讲清楚

班主任：现在父母跟孩子都是商量着来，都是朋友。

陈老师：所以我们看到很多家长把孩子领到学校来，头一句话是什么呢？我们这孩子愿意上这儿来，他觉得这是来这儿求学的一个理由，在我们看起来这是大错特错，为什么呢？今天他愿意上这儿来，那明儿他不愿意了呢？他的话还能听！小毛孩，乳臭未干，三十岁人听三岁的？那不是笑话了。所以你说现在这价值观已经荒谬到了什么地步？扭曲了，都是西方价值观，你尊重他，看他脸色，他知道什么？我们过去老人说那话"他懂个屁"，现在人听这话好像有点不顺耳，错了，过去老人、家长没有不骂孩子的，现在所谓的文明都是不文明，伤害人，过去家长对孩子一定是有打有骂，才能教得好孩子。刚才我们讲到严师，打手板、打屁股，不是我们发明的，如果你学的是传统文化，你别造反，你说我不认账，那你是造反，你没学传统文化，你没有认祖归宗，你如果真的是学传统文化的，不是改造传统文化，不是革传统文化的命，不是自己发明创造，而是应该看中国最早的关于教育的文献经典，《礼记》里边的《学记》，"建国君民，教学为先"，这句话就是从《学记》里出来的，怎么教孩子？从周一直传到清三千多年，那里边讲了一句话："夏楚二物，收其威也"，夏楚二物你们去看，藤条、荆条，那上边带刺的，抽屁股的，那是学校里边的刑具，从周朝一直到清朝没改变，在家里边那叫家法，请家法来，板子来了，就害怕了，过去哪家哪户不这么管！学校也是如此，所谓"国有国法，家有家规"，没规矩怎么能行呢？你说不要严厉地管教孩子，不能打不能骂，那就是你是正确的呗，古圣先贤这些古法都错了？你要革它的命，你要改造、要创新，你多大年岁？你这些老师们二十岁、三十岁，你要革五千年文明的命，你要给它改了，你说不许打，哪本书上写着不许打？我们说许打，我能把经典给你找出来，我能把资料找出来，依法不依人。不过话又说回来，打要会打不能瞎打，尤其是父母对子女，打坏了会结怨，这是不可以的，不可以伤了亲情，老师也不能瞎打学生，应该怎么打？打他的前提是，他一定是累犯，不是初犯，是没完没了的不改，是太顽劣了。

班主任： 先教过他了，但是孩子不听话。

陈老师： 对，你一开始教，他就不听话，成了累犯，是真正顽劣，有的时候他就是记不住，要打他才能记住，所以这个打有轻有重，拿扇子也可以打。有的根性特别好的，他自尊心很强，我们说他们脸皮薄，就是羞耻心很重，那善根深厚，你就拿这个稍微敲他两下，敲他肩膀两下，他就记住了，那还用打吗？对于有的孩子来说，你把藤条打断了，他下回还记不住，那么打之前要先给他讲理，这个非常重要。他跪在这儿，要告诉他错在哪里。他说："不知道。"那还得了，你敢说不知道？观察他是不是真不知道，真不知道那你要告诉他，但是不要马上告诉他，让他先反省。如果他是成心的，他就说"我没犯错"。"倘掩饰，增一辜"，那是罪上加罪，给他一巴掌："好好说！"第几回了？第八回了。好家伙，打手板打屁股，打之前要告诉他错没错，错了！错在哪？不该偷吃东西。该不该打？该打！趴那儿打屁股，长长记性，你不这么教怎么教？我们见到一个小姑娘，你们也都见过，六岁，来了学校第一件事偷东西，你问她在哪学的？幼儿园学的。几岁学的？四岁。偷了两年了。如果小姑娘、小小子这么小就偷吃的，他长大了就偷钱了，那会犯法的，将来会进监狱的。你偷别人东西，人家不是拿板子打你，是给你一刀。人家抓小偷、打小偷，哪还有轻有重。你父母愿不愿意？如果不愿意，现在就要真正地严加管教。你不揍他一顿不行。我们看到现在很多国家的法律法规上写"老师不能打学生"，打了犯法那谁敢打，但是不打就不能让这孩子变成好人，那孩子毁了谁负责？你看现在少年犯罪监狱爆满，什么原因呢？没有人严加管教。

父母是孩子的根

班主任：现在我们发现虽然学校老师对孩子严加管教，但是父母的心念对孩子的影响特别大，这是第一点；第二点是父母的所作所为、所造下的罪业，对孩子的影响特别大。所以你就会发现，虽然你对他严加管教，但是作用力很小、很慢。

陈老师：我们常常跟家长、学生、老师讲这个话，孩子是枝叶花果，你要想让枝叶花果茁壮怎么办呢？要施肥，施肥不是给那花果上施肥，是给根施肥，父母是孩子的根，根坏了孩子好不了，很多家长把孩子往学校一扔交给老师了，那是教不好的，为什么教不好呢？你是孩子的根哪。很多家长不懂这个道理，所以我们专门有一堂课，讲的一个道理是"铜山西崩，洛钟东应"，那个节目的标题叫《一人作恶全家遭殃》，什么道理呢？子女跟父母是一体的，是连着的。你说我在上海，孩子在新疆，距离、空间都不是问题，一定要明白这个，父母在家里吃喝嫖赌、胡作非为，甚至于坑蒙拐骗、行贿受贿，你想让儿子闺女成好人，那是不可能的，神仙教都教不好，因为根已经烂了。你想让神仙说这个果实好，那怎么可能呢？所以说父母要学，在家里要修，你不要天天责斥孩子为什么学不好。希望家长多看我们节目，做子女的看到了也不能责怪父母，你说父母没做好、没有学好，你不能怪他，天下无不是的父母，责怪父母那是大不孝！"亲有过，谏使更，怡吾色，柔吾声"，要慢慢规劝，自己改了也可以，这个力量也很大。总归一句话，传统文化五花八门，各立山头，谁也不听谁的，这是今天很多孩子教不好的原因。出来这么个结果很可惜，我们看到这种案例非常多，所以我们常常跟大家讲，大家听了之后有一个印象，我们不敢说自己好，我们也不敢说我们的老师好，为什么呢？我们的老师是从古法学来的，一脉相传，所以跟人没关系，所教、所学、所宣讲的统统都是这些典籍上的。"述而不作，信而好古"，所以天下所有传统文化的学校老师们，你们可不能发明创造，你看我们穿的衣服、说的话，没有什么现代的，而且我们经常说现代的东西有很多是不好的。大家明白了，所以我们在进行传统文化教学的时候，我们在家里教孩子的时候，一定要知道要有师承。

第五讲　只读不做是假的

读书须遵从古法

班主任： 老师，我们在前几期的节目中有提到孩子背书的方法，可以用"读一百遍背一百遍"概括。

陈老师： 四门功课，读一百遍背一百遍，自己要能正体字默写，还能够把它大意讲解出来。

班主任： 有家长来信讲到，有一个学校把这个学习的方法叫做"一三七"学习计划，"一"是一天读十分钟，"三"是读三种经典，"七"是读七天，也就是说每一天读三种经典，每一种经典读十分钟，然后读七天。

陈老师： 这个时间不够，如果说三种经典，每天都读十分钟的话，才半个小时，其他时间做什么呢？这个时间远远不够；第二，三种经典在同一天来背诵，这个也不好，一个经典都没记住，下一部又来了，下一部没记住，再下一部又来了，他脑子是糊的。

班主任： 这个家长就问，像我们这种，一种经典读一百遍背一百遍，孩子会不会枯燥？

陈老师： 孩子会不会枯燥，你通过实验就能够看得出来，之所以会问这个问题，我想应该是站在这个成年人角度，孩子会不会枯燥？其实孩子的心很接近纯净纯善，当然现在的孩子那就另讲了，就像你们说的三岁都管不了，他脑子里都是糊的，那是另当别论，总的来说，孩子的心应该是比较安定的，那么读一百遍背一百遍目的何在呢？让他保持这种清净心，他小时候心清净，受污染少，让他保持住，你说他会不会觉得枯燥？不会！什么人会觉得枯燥？心里边杂念欲望很多的人会觉得枯燥。本身就比较清净的人哪里来的枯燥，古人一直都是这么来的，所以我们现在是以污染的心、大人的心去揣度他，你说一天背三部经典，好像是不枯燥的，其实你把他的定力破坏了。为什么背书？这是最原始的问题，不是为了不枯燥，不枯燥是为什么？这讲不通，所以这些都是西方人、现代人非常错误的观念，你去问很多老师为什么不枯燥，他说不出来，为什么孩子能把不枯燥的背下去？他净在那儿瞎教，那我们读一百遍背一百遍，为什么？修定十分钟那不叫戒。二十四个小时的时间，除了睡觉以外，他大量的时间在破戒，是不是？读一百遍得多长时间，很长时间，再背一百遍，那又很长时间，他在这么长的时间里在干吗？在持戒，上次我们讲得很清楚，六根，眼耳鼻舌身意，都给他戒住了，他在持戒，持戒得定，得定开慧。所以说有理论、有方法、有目的、有方向，让他开智慧，得定最重要，从小他就有相当的定功，心不乱，那将来就了不得。至于说会背那些经典，那是附带的，那不重要，"记问之学不足以为人师"是什么意思？他背得再多，他里边知识说得再多，没智慧，不管用，不足以为人师。什么叫记问呢？知识，这种所学的不能当老师，换句话说不能教给别人，他没智慧，知识和智慧是两回事，我们求的是智慧不是知识，所以说我们定一个学习计划依据的理论是什么？师承很重要，《承治学正脉》有一个小栏目，讲的正是这个，你得是正根正脉，你自己发明创造瞎搞的那不行，要合理，要如法，还要符合当代的社会人情和现在人的根性，它是活的，它不是死的。

学好待人接物

班主任：有些家长会提出来，说孩子从小到大，我就只给他选一部经典，就是十年也好、二十年也好，就读这部经典，就背这部经典，可不可以？

陈老师：我们说从道理上来讲好像是可以，一门深入，长时熏修，他能开慧，真的可以，但是你不要忘了他是个孩子，他要不要有人道的基础？你的孩子极特殊，什么洒扫应对，沏茶倒水，做饭家务活，打扫卫生，通通不用学，就一门深入地背一门经典，二十年后他有成就了，有没有这可能？那你要看孩子是不是这块料，这种方法那要非常慎重，我们要想一想，在这几十年当中，孩子长期处在被人伺候的状态，因为你就让他背这一部经典，就学这一样。五年学戒有多重要，现在有很多年轻人要学传统文化，热情很高，张嘴说我要做师父的接班人，我们随喜赞叹，真好，六祖慧能大师在他老人家会下成就的四十六个，过去没听说过，之后也没有，那还了得，所以多一个接班人那真的是了不得，越多越好，但是你再仔细观察观察他，待人接物说话不会，做事不会，什么都不会，还得找人伺候他，我就给他讲，修学要吃苦扎根。

班主任：老师，我们曾经接触过这样的一位义工，今年已经二十多岁了，从小爸爸妈妈什么都不让干，一到干活的时候，妈妈就说你放下，你去学习，这是她妈妈亲自跟我们讲的，说她闺女今年二十多岁了，面条怎么进碗里面的不知道，二十多岁到来这边做义工，拿什么掉什么，她现在特别的痛苦。

陈老师：你不要说现在二十多岁的，三十多岁已经做妈妈的又怎么样？

班主任：吃不了苦。

陈老师：你们见过吧？

班主任：我们见过，我们接触过这样一个妈妈。

陈老师：来做义工的是吧？

班主任：对，八零后，三十多岁来做义工，女儿也在传统文化学校学习，进厨房干了几天就走了。

陈老师：你说的这位妈妈三十多岁？

班主任：三十多岁，去了厨房几天不去了，这么多人还等着吃饭呢，她不去了，后来一问原因，她说实话了，厨房太苦了，厨房太累了，受不了委屈。

陈老师：多大年岁？

班主任：三十三、四岁吧。

陈老师：三十多岁的妈妈为什么会这样？八零后是不是？

班主任：八零后。

陈老师：八零后是惯大的，她们现在长大啦，当妈妈啦。

班主任：而且妈妈不管她的女儿，说走就走，她认为这叫没有情执，其实是不负责任，她不觉得自己的所作所为会对孩子有什么影响。

陈老师：换句话说，妈妈的心智不成熟，但是你们可以去调查，妈妈一定也是被惯大的。

班主任：是。三十多岁了给她妈妈打电话，说"我要高领毛衣，我缺这个缺那个，你给我买来寄来"。妈妈惯着，她不止给她妈妈打电话，也给她的姑姑打电话，给她爸爸打电话，打一圈电话就要一件高领毛衣。

陈老师：是不是她在厨房还在做义工的时候？

班主任：对。这妈妈讲，她有的时候不记得她还有女儿呢。

陈老师：对，所以她是布娃娃心理，她还没长大呢，她就当妈了，生理上够了，做妈妈的资格还不够，没受过教育。

班主任：老师，我们看到《小学集解》里面有一段话就讲了。

陈老师： 张伯行老先生的。

班主任： 对，张伯行老先生的注解，但是原文是《小学》的原文。

陈老师： 朱熹的，朱老夫子的。

班主任： 对，朱老夫子的，就讲到古人最注重择母，他们要先选适合当妈妈的人，或者说可以做孩子老师的人，她要具备几个德行，这几个德行具备了才行。

陈老师： 才能娶这样的。

班主任： 对。

陈老师： 哎，娶这样的女子。

班主任： 对，是的。

陈老师： 我们现在常常听说，我们都是受教育长大的，中华民族是个什么样的？专门欺压妇女过来的民族，我们都是受这个教育长大的，所以妇女要革命，她们要解放，现在大部分人都是这想法。（二十世纪）三四十年代，娶媳妇为什么那么隆重？就像你说的，要找一个好女子过门，将来子孙后代都好，将来就靠她了，你能找一个看上去不着调不正经的女人吗？谁能这么干呢！家庭教育是基础，然后是学校教育、社会教育、宗教教育，人生圆满的四种教育。

我遇到的一个女孩子，她讲我们家宠物狗叫贝贝——哈巴狗，它太幸福了，我就天天羡慕它，我来世一定当宠物狗。她说现在人都想当宠物狗了，你跟她讲《弟子规》有意义吗？讲得通吗？难哪，太难啦！但是"知其不可为而为之"，这才是菩萨心肠，我们还是要给他种个种子，他来世不知道哪一世的种子遇到缘分，他就会学佛，学传统文化，好好做人了。我们今天学传统文化，要有相当的心理准备，尤其做父母的，我们知道现在做父母、做家长的都在看这个节目，听说看的人太多啦，我们就想跟大家说，要有个什么心理准备呢？你这一家六口，你一个人怎么去劝那五个人？看法都不一样，他自己都十个看法，你怎么弄？我们还见过孩子送到学校来，那孩子真好，各个方面的资质都好，爸爸妈妈也很虔诚，贡献孩子一辈子走这条路，当义工，不结婚，不赚钱了，将来弘法利生，弘扬传统文化，弘扬儒释道，刚一送过来没多久……

班主任：被姥姥要回去了。

陈老师：姥姥要回去，还有什么呢？姑姑要回去了，小姨又给要回去了，那父母还真听话。这件事是在火车上发生的，是吧？

班主任：是。

陈老师：半道下车了，来电话说什么呢？我们家这姑姑不同意、小姨不同意，我们得下车回去，那这孩子是谁生的？我们听了都很奇怪，父母这点决定都下不了，都得听别人的！所以你说现在家里边家家都乱，都不安守本分，你说姑姑也好小姨也好，你了解传统文化是教什么的吗？你都不知道你就张口批评，你胆子真不小，断人慧命，要堕阿鼻地狱，你让他学错了走错了人生路，将来再学也来不及了，你要承担一切责任哪，所以我们不要轻易去说这个不对那个不对。尤其是做官的，尤其有点影响力的企业家，开口就批评，那好了，在家里做长辈的一批评完了，家里对传统文化都丧失信心了，你说这孩子最后变成凡夫俗子，甚至去造恶业，你不感到害怕吗？所以教孩子的学问无量无边哪，你不听不知道，有时候听了之后还认为说得不对，其实也没关系，孩子是你自己的，不学传统文化不就行了，我干嘛听这个？他说的没有道理，这是误会，他不知道传统文化只是一个名词，它讲的是宇宙人生的真理，所谓伦外无人，天下无伦常之外的人、无伦常之外的家、无伦常之外的族、无伦常之外的国，你可以去实验，说我们家不在五伦之内，那你试试，"伦常乖舛"破坏伦常，怎么样？

班主任：立见消亡。

陈老师：对呀，你马上就能够看到消损亡败，这不是谁发明创造的，传统文化不是说我不学它就没有，那我们也不学不就完了？它不是一个门派，它不是一个学说，它是宇宙人生的真理，被儒释道讲得非常清楚啦，儒家的讲得浅一点，道家的讲得高一点，佛家讲圆满，就这么回事。

第六讲　读书为什么从简至难

莫把教学当儿戏，教必有据

班主任：老师，我们曾经向您请教过一个问题，但是您回答之后呢，有一些家长觉得还不够详细，想请您再详细给解答一下，问题是这样的：家长讲，听王财贵教授说过，孩子读经典要先读难懂的再读简单的，这样难懂的会了，简单的就很容易了。如果在孩子小的时候读简单的，长大了再读难的，不容易读进去，家长想请老师给详细解答一下。

陈老师：这个教法的意思就是说先捡着难的教，难的会了之后简单的就容易了。那么现在我们一直在跟大家介绍，班主任的教法五花八门，那家长该听谁的呢？学生该听谁的呢？这就成了最大的难题了，甚至一个学校里五个老师六种教法，有个老师他自己就有两种，你说怎么办？古人告诉我们，一定要依法不依人，儒家也是这个教法，没有说离开经典自己发明创造一种，那么你真的要承担因果责任。我们相信他一定不是故意要说这些，我们要理解当老师很不容易尤其在电视上或网络上公布出来，说对了功德无量，说错了可了不得，你是好心，但是它和经教义理不相符就麻烦了，所以你看那么多的注解，虽然多，但不离主要的宗旨，宗旨是绝对不能变的，变的是什么呢？时代不同了，对象不同了，每个孩子的特点不同了，那个可以变，但是宗旨不能变。换句话说，先易后难，先简后繁，由浅而深，这是通理，它一般不会改变。所以我们做老师的每说一句话，一定要言必有出，这就是你的依据、你的出处，否则你自己想当然的话，就容易出问题

班主任：述而不作。

陈老师："述而不作"的意思是什么呢？并不是说我们傻、很笨，有的人就讲，现在人不懂得发明创造。就像人的身体一样，你发明一个器官装到里边行不行？它已经是齐全的了，换句话说，它内在的规律是天定的，出生就有，不是谁给他设计的，所以不能改动。圣人所教给我们的就像人的五脏六腑，四肢百骸，它的运作是一样的，这是圣人发现的，告诉我们按照人身体的自然规律去生活，人就健康长寿，你给它改变了、破坏了，或者是弄一个什么新的想法，你放进去，这人就受害了。教孩子也是这个道理，从古到今，有一套非常完备的方法，历朝历代没改变。换句话说，历朝历代五千年，没文字之前那一万年，那是口耳相传，不能说没有文字就没有文明，文明不是突然发生的，口耳相传的时候照样有圣人，照样有贤人，那靠什么呢？靠语言，后来才出现了文字，所以它一直没有改变，换句话说，它不能改变，这些不能改变的规律，圣人把它讲出来写下来，记录在经典里。举个例子，《三字经》"为学者"，是指求学的人、做学问的人、治学的人；"必有初"他得有个入门的地方，有初是什么呢？"小学终，至四书"，"小学"是什么呢？文字学、训诂学、音韵学，这叫小学。另外你看朱子还写过《小学》这部书，是指做人的规矩，洒扫应对，都教给小孩，《弟子规》里都有，做人的规矩也叫《小学》，所以"小学"被称为"两门学问"，一个是读书认字，训诂、文字、音韵，你连字都不认识你怎么读书，所以它是初始，最初级的。另外一种"小学"是让你做，怎么在人世间这一生能够做得对、做得好，是安身立命的基础。"小学终"终了了，"至四书"才开始去研读《四书》，它有次第的，这是《三字经》里边的。"孝经通，四书熟"什么意思？"孝经通"是要让你的心性和《孝经》里边所讲的义理是相通的，换句话说，你把《孝经》要做出来，这称之为通，否则的话，眼所见的都是文字，我给你讲讲，那不叫通，那叫知识，它跟心性没关系。所以通字意义太深了，不能小看《三字经》，它是有次第的，一点一点来。"四书熟"是什么？《孝经》通了《四书》才能熟，你看它有过程，这不是我们随便说的，《三字经》流传多少代，没有偏废过，从来没错过，什么意思呢？靠它出了多少圣贤、人才，那要是错了，早给它抛弃掉了，等不到现在，这是《三字经》里边讲的。我们看《家塾教学法》这部书，大家在网上能够买得到，这都是代代相传的教学的方法，"童子初入学"小孩刚进学校，书要怎么样呢？找容易记的，"书易记""字易识"这字他容易记得住，好认、简单，"乃令读之"时候才可以让他在那儿大声读，"其难者"不容易认、不容易读的、很难记的，"慎勿用也"千万别用，那么是听你的还是听古人的？这个是代代相传，圣人讲这是在经典里边的，所以现在大家都说，传统文化五花八门，什么原因呢？大家都不依靠经典，都不相信圣贤，搞发明创造。如果为了名、为了利，真的是要承担因果责任的，十九层地狱，你误人子弟，你真敢哪！所以说我们做老师的人开口说话一定要特别小心，言必有出，不能自己想当然哪，强不知以为知，你明明不知道，非得说知道，好像面子保全了，你把这坏习惯教给了孩子们，不懂装懂，你真的让孩子学会缺德的习惯，你说你要不要承担责任！不知道真的是不知道，没关系，孩子学会了之后佩服老师，为什么？我们老师"知之为知之，不知为不知，是知也"。第三句话太重要了，真正明白人"是知也"，这才是好样的，不要辩解，真不知道，古书上有，读给大家听，没有一样是自己从娘胎里生出来你就带着的，不都是学来的，活到老学到老。"赵州八十犹行脚"，那古代高僧八十岁了还在那儿学呢，到处参学，你能说这丢人吗，这怎么丢人呢？所以说我们一定要知道，基础就是德行，老师的基础是什么呢？是《弟子规》。不知道的时候赶紧去问去学，不能自己想当然，发明一套东西，那就坏了。《家塾教学法》告诉我们古注怎么读。

班主任：是的。

陈老师：不能尽读，你们看《四库全书》一部经典的注解可能有五百种，你怎么办？"注苦繁多，不能尽读"，那读之呢，以"简要为主"，你看给你说得多清楚，简单要害，这就行啦，不是说挑难的来。"删繁举要，取其必不可去者，而后存焉"，注解很多，那怎么办呢？不是哪个难的我学哪个，一定是必不可少，极其重要，又很简略详明，所以要有老师来指导。朱熹老先生教给大家"读书之法，莫贵于循序而致精"，什么意思？循序渐进，"序"是什么，序是天然的，他孩子就那么小，序是他的年岁，书也有顺序，有给大人看的，有给孩子看的，你怎么能把大人的书给孩子看呢，什么道理呢？他分明看不懂，换句话说，你拿花楞棒、拿小布娃娃给大人，你这什么意思？是不是，没有循序，所谓渐进有道理，他慢慢地接受。

班主任：请问老师，小孩子读书，先读简单的，然后再读难的，这么做的原理是不是就符合他的天性、符合他的年龄？

陈老师：符合自然，读书有乐趣，不是没有乐趣，所以说符合他的天性这就很难得了。

教学不可好高骛远

班主任：老师就像是您之前举过例子，比如说一个桌子，它能够承受得了五十斤，你给它一百斤，它就趴下了。小孩子也是这样的，他三岁时你给他读《三字经》，如果给他读《周易》（《易经》），就跟他年龄不相符，他就接受不了。

陈老师：《三字经》简单，朗朗上口，最重要的是什么呢？让他要做，生活中要做到，所以那是"小学"的另外一课。所以说所作所为也有简单的，你看系个鞋带，穿个袜子，简单吧，先别做，咱们先拣难的，怎么难的呢？咱们讲祭祀大礼，那个难，能不能先做？他一只脚穿鞋一只光着脚在那儿祭祀，那行不行？说明他没基础，鞋都不会穿，怎么能搞祭祀呢。我们大家一看就知道，衣服扣子都系不好，你在那讲《周易》，背《周易》人家听了，这不成笑话了。

班主任：所以传统文化的经典，最主要是让孩子能够做到。

陈老师：无论是学的还是做的，都是从最基础的做起。换句话说，如果不这样做的话反而还助长孩子一种很坏的恶习，好高骛远。

班主任：长浮华。

陈老师：对，这就麻烦了，所以这种教法很要命的地方是什么呢？长浮华。忽略基础了，你问他为什么，他也不知道，老师就这么教的，所以说人不能忽略《弟子规》，不能小看它，一定要知道，万丈高楼平地起，它离开地面是不行的。

班主任：其实《弟子规》也不简单，老师，我们看《弟子规》很多的句子都是从《礼记》《论语》这些经典中提炼出来的，其实它也不简单，只不过把它简单地说出来。

陈老师：所以古人让孩子们从易的入手，再到难的。"人之初，性本善"看着简单，道理跟《华严经》《无量寿经》都相通，但是你跟孩子说没有意义，先告诉他，你是人，人应该有什么德行，仁慈仁爱，先爱爸爸妈妈，要不然你就成了小狗了，它那么叫，你这么叫，虽然你说话，但是你是禽兽，想不想当小狗天天叼着骨头到处跑？等他慢慢明白了，基础好，记住从小人不能走畜生道。虽然话很浅显，但是我们古人智慧高，它并不是说文字很浅显，像儿歌一样，那你就错了，那我们就外行了。所以你看《朱子读书法》讲"君子教人"，好老师教给孩子怎么做的呢，要有序，有顺序，先传小者近者，说得多清楚，系个鞋带，把筷子摆正了，就从这儿开始，细小的事情，靠近的，你跟他说，祭祀大典，一年也就四五回，那太远了。从一日三餐，从举止坐卧，从这些地方教给他，这是好老师，而

"后传以远者大者","大"是什么意思？天下的道理，治国的道理，齐家的道理，先从修身开始，你怎么能把顺序给改了呢？说咱们先不修身，那太容易了，治国平天下难，咱们先教这个，离我们很远，咱们先弄，将来修身也就容易了，你自己不能说服自己，"自浅以至于深，自近以至于远"。你们都背过一篇古文，荀子《劝学》中的"不积跬步无以至千里"，人不能好高骛远哪，看着挺远，这山望着那山高，千里之行得从第一步开始，跬步，一步一步的，你没有积累怎么至千里，所以我们的教学一定要通情达理，于情于理不通大家就有疑惑，有疑惑就学不好，所以教学是自然的。你让孩子背儿歌，他就没疑惑。小孩子就该吃奶，你上来给他弄碗炒饭，那能行吗？所以说这些东西并不难，最最关键是我们要有师承，人家说谁教你的，你张口结舌就麻烦了，你说我是跟张老师学的，我们从古书上查不到就问你，张老师跟谁学的？你也说不出来，那不行，所以人不能迷信哪，你说这是我老师教我的，你得在经典上能找得到，你老师得告诉你这话从哪儿来的，这是好老师，你不能说你就得听我的，这是搞迷信。传统文化要想复兴，不能恢复到最原始的经典，就是一条邪路。

创新，还是毁灭

班主任：而且老师，刚才我们听您读这些经典，比如说《三字经》《朱子读书法》《家塾教学法》，这些书的作者不同，年代也不同，但大家讲的都是一个路数、一个教法、一个道理，小孩子读书应该从简再到难，写字应该怎么样，或者是说平常应该教什么，都是一个教法的。

陈老师：这种教法，它不是谁发明创造的。

班主任：对。

陈老师：发明创造出来之后大家就有疑问，就不能落实。不要搞创新，我刚才举五脏六腑的例子，你说少一样，咱们再给它弄一个发明，装进去，人会更好，那你试试。这东西是心肝脾肺肾，它是天生的，万古不变。你看看小猫小狗是不是跟人的器官一样？一样的，它没长三只眼睛，你就要思考，它是规律。凡是这一类的它都这样，都这样就有道。道就必须得遵守，不可须臾离者也。

班主任：有家长给我们发来信息说，传统文化教育出来的孩子没有创造力，西方的孩子就比中国的孩子有创造力，而且很多孩子有很多的发明创造。然后家长就问，有没有古书上写着如何培养孩子的创造力？

陈老师：中国人现在迷信西方已经到了"数典忘祖"的地步，"数典忘祖"这话不好听，什么意思呢？不知道自己是哪国人，我是中国人啊，你不知道，中国人得有中国精神，得有它的文化，得有它的命脉传承，没有了的话，你不是中国人。那要这么说，真的危险了，如果我们不认识中国命脉了，看好跟走了，还有更好的又跟走了，没谱；什么叫准谱呢？万古一系，传下来不变，都遵守。你们刚才所问的问题今天很多人都有，讲创造讲发明，中国很多城市都有博物馆，我建议大家去看看，很受教育。我到荆州博物馆，到湖南长沙博物馆，一万一千多年前，中华先祖种水稻，培养水稻，都有种子，是不是发明、是不是创造？是，我们老祖宗最擅长干这个。文字，最伟大的被称为汉字，每一个汉字都可以讲一堂课，谁发明谁创造的？我们的先祖。四大发明，我们的先祖搞的，伟大吗？那些东西统统都属于中华文明、中华的文化，我们先祖留给我们的遗产。各位如果要是有机缘，再去看《中国古代科技》这套书，英国皇家学院有一个科技史学家李约瑟，他是专门研究中国古代科技的，你们再可以读读他的书，他把中国古代科技好好地归纳了一下，被称为典范之作，他对中国古人推崇备至。我去过河北赵县的赵州桥，我在那儿拍了照片留作纪念，我从桥上走过，一千一百多年前修的，隋朝李春父子，桥到现在都不倒，当地的官员都告诉我们，这样的桥现在全世界科学家用最高端的科技设备造不出来了。所以刚才提这些问题的家长应该去赵州桥走一走，站在桥上想一想，我们有四大发明的时候，西方人还处在蒙昧状态。中华文明这么灿烂的文化，哪一个都领先世界，不是一百年两百年，有的都领先一千多年，那么请问这些东西是我们从西方学来的吗？西方那儿还糊涂着呢，我们就已经享用这些科技的东西、这些创新的东西了。没有创新怎么能有中华民族呢？你走到那儿看看，不仅仅是建筑，军事、文学、农业、天文地理、医学，哪个不是我们中国人发明创造的？统统都是，所以我们感到无比的自豪。

不学圣贤教育，不知痛苦何来

班主任：老师，现在有一个很可怕的现象，很多父母都是八零后、九零后。他们追求个性、追求民主、追求自由，他们说古代书籍不适合现代社会、不适合现今，他们说孩子这样教出来会教傻了、会教笨了。

陈老师：如果说这些圣贤的典籍都把孩子教傻了、教笨了，那中华民族早就灭亡了，不应该存在。他可能讲了，那是古代。我没学传统文化之前真傻，我自己都知道太傻了，何以见得一个人是傻还是不傻？看事情看不明白，说傻话做傻事，什么叫说傻话做傻事呢？做的事情说的话有恶报，给自己带来的是痛苦，那不叫说傻话做傻事吗？讲道理吧，我学了传统文化，学佛到现在八年，说的傻话少了，做的傻事少了，更有甚者我看周围看得比原来清楚太多了，那你说何以见得？去年黑龙江五个城市的宣传部、政府官员给我发邀请，希望我能去给大家作报告，讲传统文化圣贤教育，市领导、省领导都成傻瓜了吗？我在武汉很荣幸接到邀请去参加论坛，一万三千人，坐在第一排的武汉市委宣传部副部长，我在上面讲，他从头记到尾，为什么？不是我有多了不起，而是我在讲述这些古圣先贤经典里的东西时，他们听得很认真，是圣贤太伟大了，人家识货。我从八点半开始讲到十二点半，讲的统统都是《弟子规》《感应篇》《十善业》等圣贤的教导，现场观众纹丝不动，所以你就知道，无论是古代还是现代，人人都需要传统文化。那么多的教授来问我孩子怎么教，我都帮他们，给他们提建议，家长不能接受那就算了，为什么呢？不要勉强，他自己能看到，等他孩子长大了，他的苦难就来了，这是现在家长最痛苦的地方。上次你们跟我讲，三岁的孩子都管不了了，这是好现象吗？家长越来越痛苦，这不是好现象。所以我们在这个地方只能给大家介绍，我们没有权利、没有资格要求大家，愿意听就听一听，不愿意听就算了，将来有机会还是要学传统文化，真的是有好处的。

第七讲　背书识根器（1）

因材施教

学生：老师好！

陈老师：大家好！今天节目还是《教孩子的学问》，题目很新颖，古代的人都知道，现在人觉得很新鲜。通过背书能怎么样？识根器。识是认识、了解的意思。根器是什么呢？就好像这个东西摆在面前，就像一个器件一样，它的材质怎么样，是什么材料的，比如：好根器，大器晚成。器指的是它的材质、材料。不管是父母还是老师，都有个最大的问题，是什么呢？瞎教。怎么叫瞎教呢？西方的教法。我听说现在学校里，一千多人、几千多人的学校，一概用同样的教材、同样的教法，最后教育就失败了。为什么呢？违反了教育的规律。教育的规律古法，从古至今传下来四个字，叫"因材施教"。也就是说当老师、当父母的教育孩子，根据不同的根器、不同的材质，进行不同的教育。如果这句话说错了，不会传几千年。孔老夫子之前就有，只不过更早些的时候没文字，口耳相传。但是那个时候我们中华先祖有智慧，懂得不同的学生、不同的孩子材质不同，用的教育方法也不同，他都能成材。你要不相信，我举个例子：这个孩子就像铜、像铁，这是他的材质。那个孩子是塑料的，这个孩子像纸做的，你能不能都用炼铜炼铁的方法放炉子里烧？你这放火里一烧，塑料的、纸壳的不就烧没了吗？不可以。反过来，这个是纸做的、塑料做的，你用那些工艺可以把它塑成很好的工艺品，就成材成器了。这个孩子是铜是铁，你用那种用对纸、对塑料的方法就不行，他就不能成材，他就还是一块顽铁、顽铜，对不对？所以说，我们一定要知道，孩子们来到世间禀赋不同，这叫实事求是，你不能说这叫封建迷信。咱们打个比方，一奶同胞，生仨孩子、五个孩子，禀赋都不一样，换句话说，根器都不一样。要根据不同的材质用不同的教法。教的内容很多，我们今天时间有限，只说一个，说他在做学问方面的根性。因为教育孩子，还有生活课，有德行课，有才艺课，课程很多。我们说一个最关键的，这孩子将来能不能做学问、是不是读书人，从小能考察出来。

师父上人：标准是什么？十遍就能背。譬如这一页书，大概一行二十个字，十行两百个字，这一页四百个字。小朋友读十遍，这一页都能够背诵，这差不多是上根人。老师再试验，再加一百字也能背，再加一百字还能背，再加他就不能背了，就知道他的能力，能够背多少个字。一般最高的可以到七百字。三四百字比较普通，根钝一点，迟钝一点，背一百字、二百字。一百字，背五行，以前叫上书，老师教你念，红笔圈起来，没有标点符号，用红笔圈的，叫你念五行，十遍可以背出来，慢慢训练增加。所以每个人的进度不相等，聪明的人快，愚痴一点的进度就慢，各个不相妨碍，私塾里头有这个好处，它不是整齐的，不是划一的。现在你看，本来是不平等的，偏偏把它整齐划一，把它定成一个标准，这是不合理的，中国从前的私塾合理。每个人天分不一样，老师要按照天分来教你。所以你要是真正了解，我们赞成古时候的教学法。

陈老师：你看他们这是个传统文化的幼儿园学校，大同学小同学都有，这是两个班主任，正发愁怎么教，这些孩子材质都不一样，禀赋、天资都不同，怎么教？怎么能看出来？先得识别，才能知道用什么方法。识别的方法是什么？背书。背诵经典，"背书识根器"。简单地说，拿一篇古文，像你看他们这四个同学都是十来岁了，不能用太简单的，《三字经》《弟子规》这太简单，找一篇合适于他们这个年龄的。这次你们所找的是《礼记》吧？

班主任：《礼记》里面有《学记》，还选了《曲礼》的一部分，还有《乐记》。

陈老师：像这样的古文都是属于汉之前的了，比较深，不是朗朗上口的那种，距离现在得有几千年了，还算可以。那么选文章的时候，不要超过四百字。你看古书那一行一行的，一行是二十个字，那么二十行，四百个字。这四百个字不能让这些学生看到，是你们自己找的。

班主任：是。

陈老师：发到他们手里之后，他头一次看到，以前没背过，也没读过，你就让他开始读。读十遍，四百个字顺下来，不认字先认识，都认清楚了，好了，开始读，读十遍。十遍读下来了，有的学生当场就能背了，背给老师听，这个就是上根的，根性好，天资好。有的呢，能背一半多，是中等的。能背一百多个字，这是下根的。他们的资质基本上就分出来了。那么这里边有个重点，让他背的时候，头一个，没看过是吧？

班主任：对。

陈老师：他不能反复地总背前边，是不是？

班主任：从第一个字一定要读到最后一个字，这样算一遍，不可以分段。

陈老师：十遍之后你们把学生都叫过来是不是？

班主任：是。他背诵的经典要上交，不能再拿在手里了。就只有十遍，读诵十遍。

陈老师：四百个字，而且是古文，这里边还有好多是生字，大同学、小同学都用这个？

班主任：对，都用这个。

陈老师：那你们这儿最小的几岁？

班主任：最小的是六岁。

陈老师：大的呢？

班主任：大的已经是二十一岁。

陈老师：大家是什么反应？

班主任： 大部分同学是背不下来的，但是有几个同学，确实很让我们惊讶，他能从第一个字一直背到最后一个字，背的时候是很平静的。

陈老师： 看十遍就到这效果？

班主任： 是的。这样的同学不是很多，有两三个这样的同学，第一次背就全部能背下来。

陈老师： 这还不算是好根性。真正上等根性是什么呢？说的是小朋友，不是他们这么大。四百个字，十遍能背，再给他加一百，他还能背，六百还能背。这样的孩子不多见，但是古代确实有，现在没了。为什么？都被污染了，哪找这上根性的孩子去。但是你说这个也很难得了。我问过有的传统文化学校的老师，他们说不可能，根本不可能。现在的孩子，读十遍，四百个字的古文，他能背下来？不可能。三百字，别说三百个字，三十个字都背不下来，很难。所以你们这个地方还有几个这样的同学，那确实不容易。

班主任： 我们确实也有一些同学是一个字背不出来的，这样的也有。

好根性的孩子何来

陈老师： 你们今天叫来这四个同学是哪一拨的？

班主任： 是能从头背到尾的。

班主任： 他们可以分成两拨。这三位同学，他们是一拨；还有那位同学，他单独是一拨。

陈老师： 他是自己。

班主任： 他比较特殊，我们一会再说他那边。

陈老师: 先说这三位。

班主任: 这三位同学有一个共同的特点,平常在日常生活中、在学习过程中都是很老实、很听话的。

陈老师: 你说的这是德行。有的观众会提问题了,不是说做学问谁更像读书人吗?谁这方面本事大、资质好吗?怎么上来说德行了?一定要记住"德者本也,财者末也"!财是什么?财不仅仅是财富,包括一个人的能力,包括他读书的水平,都是从德出来的。"德者本也",一切的一切,都是从德生发出来的。你刚才讲了,这三个同学是你们年级里边最老实听话的是不是?

班主任: 对。

陈老师: 德行的头一个是老实听话。我们家长、老师看到这里,瞪大眼睛,竖起耳朵,现在还真有这样的孩子吗?四百个字,读十遍,他就能背下来?不信你试试,你让家里的孩子试试。大家不要光羡慕结果,这些孩子从哪出来的?我们家也想要,不能光羡慕果实,要找到因。因有了,才会有果,我们得知道种子是什么。下面我们听听这班主任的分析,她们最了解。这三个同学在你们这学了多久了?

班主任: 四年多的时间。

陈老师: 四年多没离开这儿?

班主任: 是,这三个同学,首先他们在来学校之前,受的污染就比较少。我们都见过他们的父母,都是虔诚的佛弟子,而且为人都很厚道、很朴实、很本分。我们比较了解这两个孩子,从小受到的家教都是比较传统的。妈妈是非常本分、老实,又特别保守的那种女子。虽然家里条件还算可以,但是妈妈是非常朴素的,这我们都见过。

陈老师: 我听说父亲要求也很严格?

班主任: 他们这两个孩子在家里的时候,鞋不穿到破洞了不能换新鞋。他们上学是没有零花钱的。

陈老师：我觉得你们班主任能说出这些话来太难得了。为什么呢？今天的老师、班主任教学，不懂这个，也不讲这个。你不讲背书吗？怎么讲起家教来了？家庭教育是四种教育的根，往上是学校教育，然后才是社会教育。今天谁重视家庭教育？你看到好的果实出来了，果实都有根，根在父母。所以班主任她们现在学成内行了，先从家长说起。你看孩子，孩子是果实，别老说果实，看根。节目录到这儿，我们就听明白了，给大家有什么教育作用、启发作用，让大家、让家家户户的果实都能结得这么好。这是个梦想，怎么实现呢？从根学起。人家孩子为什么能够上上根器？根好，父母教得好。如果父母是吃喝嫖赌的、贪嗔痴慢疑的，讲究享乐、名闻利养的，就不是这样的结果。现在哪个家长不重视学业？怎么得到这样的好成绩呢？修德行。

班主任：而且这两个同学在家里的时候是没有零花钱的，基本上没有玩具。

陈老师：我们说这孩子好，为什么？善根深厚。我们总说善根、善根，什么叫善根？善的根，好的根。孩子从打投胎到长大成人，他的心里边善良的东西多而且很深，不容易动摇，这叫善根深厚。看到歪门邪道，他离得远远的，说明这孩子善根深厚。尤其是你看到有的孩子看到小动物受伤害了，麻雀死了，猫被打伤了，他流眼泪。你要留心，那样的孩子善根深厚。通过这些能够勘测出来，识根器，慈悲心重，投胎来之前他就是好的种性。你说我也想要这样的孩子，大家一定要知道，好孩子是怎么来的？是感召来的。《易经》里边讲"方以类聚"。

班主任："物以群分"。

陈老师：对，"方以类聚，物以群分"。人跟人都是这样，物跟物也是这样。你要想要好孩子，父母先得好，先得知道什么是好。吃喝玩乐，恣情纵欲享乐，那都是恶的，那不是好的。你看他父母，这你们刚才介绍了，感召得来孩子就是好的。

班主任：关键是他们的父母非常孝顺，孝顺他们的奶奶。这两个孩子也是每次见到父母就特别地亲爱。抱着爸爸妈妈，跟父母说自己情况，表现出非常亲爱的样子。还有这位同学，因为她家庭情况比较特殊，妈妈带着孩子。她在差不多五六岁的时候，就特别懂事，帮助照顾爷爷，给爷爷做饭、洗衣服。

陈老师：五六岁。

班主任：做这些事情。

陈老师：从小给自己积功累德。我们要给老人洗一次脚、按摩按摩，能修大福报。现在人不懂了，都倒过来了。爷爷给他按，奶奶给他洗脚。现在我听说有四十多岁的男的，儿子都很大了，还是奶奶给他端饭，奶奶伺候他，他自己完全不知道照顾老人，经常去打麻将，你说那孩子能好吗？你们今天介绍这三个孩子，为什么能达到上根器？"德者本也，财者末也"，财是果，财，一个字代表一切幸福。这孩子聪明伶俐，是个读书人，喜欢读书，爱读书，会读书，这是果！根是德。所以说孩子的根在父母，大家一定要懂！这叫内行，我们学了半天传统文化，不能当外行人。

班主任：老师，这三位同学在这四年的学习过程中是很安定的。一个很重要的因素就是他们在学习，他们的父母也在一同学习。比如说这兄妹俩，首先，全家人都在弘法利生，用自己所有的钱印光盘、放生。另外，他的爸爸妈妈每天念佛，有固定的功课。所以，孩子在学习，妈妈也在学习。她的妈妈在传统文化学校做义工，在带小孩子。

陈老师：做义工，功德福报了不得。那些功德子女都沾光。

班主任：所以我们就发现，在这四年的学习过程中，他们很少犯很大的错误，或者有很大的波动，基本上是很平静的。

陈老师：安定。

班主任：对。另外还有一个最重要的原因，他们这四年一直没有离开这个地方。因为我们这边是封闭的，不对外接待，没有受到外面干扰。

陈老师：手机、电脑都不让接触？

班主任：都没有。

陈老师：电视也不让看？

班主任：包括他们学习看的书都是老师规定的。

陈老师：跟外边人也不接触吧？

班主任：不接触。

陈老师：有家长就要问你们，那这孩子不越学越傻了吗？

班主任：不是，不会的。我们的孩子是非常机灵的。他们做饭、照顾长辈，包括长辈心情不好的时候，马上过去，给你亲手叠一个小东西，给你画个画，然后给老师做顿好饭。

陈老师：知道安慰长辈。

班主任：是。

陈老师：会尽孝，知道恭敬心。所以家长要是问那个问题：电脑、网络、手机、电视，都不让接触，外边人不让接触，会不会傻？你看看，四百字，读十遍，背下来。你的孩子离不开电脑、手机、网络，以及外边娱乐场，你让他背背试试，到底谁傻？我们大家都是为了孩子好！你要真为孩子好，好好看看这期节目。为什么我的孩子干正经事不行，干坏事准干成了？一定要知道"德者本也"。你看这三个孩子，没有零花钱，五六岁给爷爷洗衣服，伺候长辈，现在少有这样孩子了！德行是头一位的。你想要的人间的一切幸福的果报，他都能得到。背书，背得很快，很机灵，记性好，这是一种福报，他们得到幸福了。

好根性的孩子什么样

班主任： 还有一个最重要的因素，他们这四年的学习，不是单纯地背书，他们在生活中落实的会很多。比如说，这些孩子，自己一个人做一桌子饭菜是没有问题的。还有，他们在学校平常自己洗衣服，而且像我们这有刚来的小一点的四五岁的孩子，给他们洗澡，晚上带他们上厕所，平常教他们怎么站着、怎么坐着，真是扮演着老师兼妈妈的角色。

陈老师： 你们说这些话很多家长听不懂。那为什么听不懂呢？没见过，也没听说过。这个跟背书有什么关系？有关系。传统文化学校，不管是对五六岁小孩子，还是十一二岁大孩子，第一个是让他背经典。大家记住，不是只干这一件事，那非傻了不可。同时，一定记住，生活当中这些琐碎事，什么吃喝拉撒睡，照顾长辈，统统都得做，天天都得做，而且受到严厉的管教。换句话说，把《弟子规》做到，他就是活的《弟子规》，要达到这个程度，同时还要背书，这就行了。而且大家一定要知道，背书不是为了让他背很多。背书是为了让他修戒、修定、修慧，勤修戒定慧。我们可以看到，在《读书千遍》节目中说得很详细。背书不是为了让他背得多，是为了让他持戒。你别干别的，眼睛就看着这个，嘴巴就说这个，我们在《读书千遍》里讲得很清楚了，"都摄六根"，叫持戒，他自然得定。你看这三个孩子，得定了，得定他自然就开智慧。你们家孩子做不到，他能做到。你不信让他做坏事，他不做，他也做不明白，为什么呢？善根深厚，他怎么能会做坏事做得很快呢？社会上有些孩子，看着挺机灵，干正经事都不行，为什么？善根不足。你就听明白了。所以背书的目的是为了让他持戒、得定、开智慧，是为了这个目的。然后全都努力地去落实《弟子规》。所以这些孩子在背书的时候，表现出来这种超人的记忆能力，为什么呢？"德者本也"。德是什么呢？德就是他内心清净、没有污染。你看这两个班主任，大家一问，这三个孩子为什么背书能背到这种程度？你听这班主任说的，先从根说起，先从爸爸妈妈说起，然后从祖上说起，然后再说家教，再说他们生活习惯，受的这种严厉的管教。好像样样跟背书都没关系，实际上是样样都有真正的关系。现在，社会上的学校不懂这个，好像拼命地在教他读书，结果那些跟真正的背书、读书一点关系没有，跟智慧没关系，所以那孩子很痛苦，这些孩子不痛苦是不是？

班主任： 是。

陈老师： 爸爸妈妈很欢喜，我们看那照片，四五年的时间了吧？

班主任： 是。老师，还有一个很重要的因素，这三个同学，他们的恭敬心是很重的，内心也是很恭敬的。平时老师说什么，他就做什么，非常地听话，很恭敬。尤其是这个男生，有一次犯错误，挨了严厉的批评、责骂、责打，之后一问，不是他做的，受了冤枉。一句话都没有，乖乖地在那，在那跪着反省。这是很难得的。

陈老师： 大家想一想，我们有一期节目《孩子先学受委屈》。这些孩子做到了，好事。我们家长、老师要会教。明明知道这事跟他没关系，考考他，给他两巴掌，臭骂他一顿，看看他什么反应，就跟张良纳履一样。黄石公扔草鞋，把张良叫过来，小子，捡去。羞辱他，当着那么多人，张良乖乖去捡，这老人家一看，绝对不是一般人。背书识根器，背书只是一种手段，你们大家听到了，如果说没有这么多的条件，恭敬心、长辈、家教、习劳，大量地落实《弟子规》，没有这些条件，没有老实听话，没有真干，果从哪来？这大家就听明白了，要说的太多了。结出来的果实里包括着什么？就像水果一样。一定有阳光，一定有养分，地下的养分，从根上输上来的，你能说这几个孩子身上没有父母的养分吗？有水分，有各种各样的条件才出来这么个果实。这叫什么？实事求是。终归一句话，德行为根本。我们知道，勤修戒定慧，尽管去做，只问耕耘，不问收获。你们当初不知道他们会这样吧？

班主任：对，老师，我刚开始一直不能理解，因为我念书这么多年，评价一个学生他将来会不会有成就，首先你看他是不是很聪明，接受能力是不是很强。刚刚我们谈到他们三个好像跟聪明，跟接受能力都没有太大的关系，而且谈到聪明和接受能力，他们三个也不是最好的，所以我就很奇怪，为什么他们四百个字读十遍就能背得下来呢？

陈老师：你有机会到监狱去看看，我常去采访。我总劝人有两个地方常去，一个是医院，你看了就知道健康多重要，你就不敢在那儿胡作非为了。再有一个，常去监狱看看，你知道自由有多重要，你就不敢犯法了。我劝你们到监狱去看什么呢？调查，博士生、硕士生、智商极高的就在监狱里待着呢。有意义吗？所以现在家长们天天都关心孩子的什么智商、情商，给他报这个班那个班，报八百个班，不管用，还是这种教育来得踏实。反过来，好像在你们班上有很多很机灵的孩子。

班主任：有。

陈老师：结果很差，而且现在就看出来了。我们下期节目来说说这个孩子，他的情况跟这三个不一样。原来是很坏的孩子，刚到学校的时候，十五岁，他经常躲在房间里偷偷抽烟。在学校里打架斗殴，像个小流氓似的。他怎么能是上根呢？怎么有这样的成绩？下次跟大家介绍。

第八讲　背书识根器（2）

困之辱之，收心养德

同学们：老师好！

陈老师：大家好！背书能够知道一个孩子的根性，上根、中根还是下根。换句话说，等到知道他的上中下的时候，孩子基本上也定型了，再改就很难了。所以一定要记住古话"教儿婴孩"，在很小的时候就得在德性上去教他，否则看起来挺聪明、挺伶俐、挺高兴的孩子将来会犯罪。

班主任：确实是这样的，老师。前天我看到一则新闻，一个年轻的小伙子，不到三十岁，是一个工程师，想跟女朋友去日本旅游，但是手里没有钱，他就去抢钱了，到一个老人家里面，把老人杀死了，抢了一万多块钱出来。最后被判死刑了。

陈老师：你说他这么年轻，一个工程师，为什么最后被枪毙？你说我的孩子也能背下来四百字、五百字、六百字，你不要高兴得太早，这只能证明孩子在读书认字方面根性不错，根器挺好，将来有可能是个读书人，就像这个工程师一样，但是被枪毙了。为什么？缺德。所以我们今天一再跟大家讲，背书识根器，根器是看他什么呢？他在读书认字方面，在学业方面有成绩，不代表他就一定有成就。但是反过来，一个孩子有德性，可能在这方面资质差一点，未必是个读书的料，那也没关系，为什么？他人生一定是幸福的，因为他有德性，"德者本也"。一个国家、一个民族，需要的人才很多。有很多很多普通的人，过去的工匠不认字，他也照样能够救度一方人，也能够给国家和民族带来吉祥和太平，至少让家里能够兴旺。上次你们说了这三个同学，这次再来说说他。

班主任：老师，这个学生以前是个比较恶劣的学生，是问题少年。他妈妈把他送到我们这来时一脸愁容，说孩子没有学上了，学校都不要他，也不敢再让孩子在学校里学习了。孩子在学校里打架、抽烟，他的理想将来以后要做黑社会老大，他觉得那是最风光的。到了我们这边学校之后，刚来的时候自己躲在卫生间里抽烟，这孩子是极其傲慢的，老师都不放在眼里。我们说话，他就用这种眼神来看老师，毫无恭敬心。

陈老师：你们现在班主任就要给大家讲讲，社会上的这么一个小混混，他怎么能今天坐在这儿？这考试成绩算是好的了，什么原因？

班主任：这个同学已经来学校四年了。他跟同学们是隔离的，不在一起。主要是他的习气比较重，怕他影响到其他同学。另外我们对他的要求是非常严格的。一点儿都不允许他有傲慢、抛头露面的机会，就压着他，让他永远是老老实实的，把自己放得低低的。他犯一点儿错误绝不轻饶。那是一种很严厉的手段，我们这么管教下，才让他慢慢安定下来。

陈老师：古人讲四个字"困之辱之"，"困之"是什么意思？在学校里，小流氓、小混混打架斗殴、抽烟喝酒，怎么办？对他周围要严格地限制。不然等长大了不就真成个大流氓了。不可以，要困之，约束他。这不许去，那不许去。用四年的时间，他就脱胎换骨。妈妈见到你们磕头流眼泪，这孩子真改好了，要不然进少管所了，长大了就是个罪人。所以你们是救了他，救了他们全家。"辱之"是什么意思呢？让他知道羞耻。自己感觉还挺不错呢，还看不起别人。你这么小，一个小混混，要感到羞耻。用这种严厉的手段、方法，改变他的人性，人性本善，教着教着，他就明白了。

班主任：这几年，老师在他身上下很大的工夫，这种良苦用心，我们每个人都能够看得到的。十次开会，他有八九次都被批评。他若有一点点问题，老师就很严厉地去批评他，一点点都不容放过。《小学集解》里面讲到"收其放心，养其德性"。他的德性就是这样一点一点养起来的，说实话就是一点一点挨打、一点一点挨骂的过程。

陈老师：如果不严加管教，孩子将来像你们说的杀人，当黑社会的老大去，谁来负责？现在法律里边规定：不许打骂学生。那这孩子犯罪了，你负责吗？我们小时候都是挨打挨骂过来的，最后长大成了个正常人。现在的孩子都不敢打、不敢骂，都溺爱，那你看现在孩子还能管吗？制定法律的人要不要负责任？你不能说你把这事弄完了，大家都听你的，最后乱了套了你不管了，这不讲理。要知道"一言兴邦，一言丧邦"，专家学者说一句话，大家都信你们，这回发现上当了，这样的孩子还不严加管教？拿了竹竿屁股得打烂了，那也没关系，没有任何心里的抱怨，最后越来越健康，成了好人。

班主任：是的。老师，他的面相都变了。刚来的时候脸上有痞子的气息。

陈老师：对，小混混。

班主任：对，而且他要比同龄的孩子看上去成熟。

陈老师：对，总在社会上混。

班主任：对，有点像中年人的那种感觉。

陈老师：没有童真。

班主任：是的。然后经过四年的洗刷、管教，现在能看到孩子脸上那种干净了。

陈老师：恢复正常了。恢复正常有很多种表现，这次考试他能达到看十遍就可以背下来？

班主任：四百字。

陈老师：你们大家想想，如果没有在这儿四年，没打他没骂他，没有困之辱之，没有严厉的管教，换句话说，没有圣贤教育，来了这里就抽烟，在学校里打架斗殴，那这四年之后就成黑社会老大作恶多端了。大家想想这两条路摆在你面前，你要走哪一条？大家都讲科学实验，这就是最好的实验。妈妈是学佛的，对吧？

班主任：对，妈妈是学佛的。

陈老师：单亲家庭出来的问题少年，被你们教好了。到了这之后你看看，四年下来，最后还有点像读书人。这将来国家要多了个教授，多了个汉学家，多大的功德！否则，走那条路那就是多一个杀人犯，多一个黑老大，为害一方。所以今天很多人攻击传统文化，看不起圣贤教育，今天节目里，事实摆在面前，你凭什么看不起？他是不是成绩还不错？

班主任：是，成绩是很好的。

陈老师：几次考试？

班主任：已经三次了。

陈老师：三次都是这个情况？

班主任：这两个男生三次都是这样，这两个女生是一次比一次好，很踏实，很稳定。

陈老师：稳定。

班主任：老师，刚才我们说到这位同学，您可不知道，如果这几年没有严格管教，就像他讲的想做黑社会老大，他完全有可能做到。因为他极其浮躁。让他跟水电工待上两天，你一看他走路、说话、背个兜子，俨然就是个水电工。

班主任：把笔夹在耳朵上，学木工。

班主任：对，特别快。一看这些没有用的，就一点一点放松，学得可快了。

陈老师：所以刚才我们讲困之，把他困在哪儿？把他困在好人堆里，困在圣贤的经典里，他就变成好人了。你不管他，他到了社会上，把他困在流氓堆了，那他就是个小流氓。

班主任：老师，他之所以有这么大的变化，原因是我们在两个月左右做过读书千遍活动，他们是《太上感应篇》，八小时读了两千遍。

陈老师：我们看到这才多长时间，这些学生们都有变化。

班主任：每天八小时读书，从早上起床一直到晚上，这两千遍《太上感应篇》，也发现他有明显的变化，心安定了很多。

有天资而无天德不能成才

陈老师：所以说一切都在三个字，叫"戒定慧"，三无漏学。不管在家出家，不管是不是学佛的，人都有自性，都得按照这个方法，所以佛法叫究竟圆满。不是说我不学佛，我就不可以按照这个方法，它叫究竟圆满，没有例外的。所以大家就知道，按照好老师的教导，这是古法传下来的，不是自己发明的，代代相传，因材施教。这我们看出来了，学校里学生很多，这一考核出来了，将来可以让他们往读书人方向发展，为什么？他这方面有天赋，你最后给他弄成一个卖菜的了，你有罪。你不感到可惜吗？我听说有两亿多中小学生，如果用这个方法教，人人都变成了好人，都成了圣贤。你再看看现在的孩子，他自己痛苦不堪，家长痛苦不堪，最后还都不能成才。我听说你们录的节目很快会播出，大家一定要看。四百个字，读十遍，看看谁能背下来，都是什么情况，就看出来了。当然，我们不能以这一项把孩子分成三六九等，不是这个意思。所以我们要特别跟同学们讲，你能背下来并不代表你多高，他背不下来并不代表他多低，你们千万不能骄傲、不能傲慢，那些背不下来的、背得少的也不能自卑。我们一定要知道，下下根性的人，根性不好，往往能成就大事业。利根的人，他们根性好，往往容易走上邪路。所以说大家一定要知道，天资好不代表什么，德性第一。有的孩子没德性，天资好，他就能够背得很好，不算什么。所以我们一再告诫这些学生，不能骄傲、不能自满，一定要知道这只是自己的一点点成绩而已，不代表什么，如果这条路走不好，还有可能有大灾祸。所以要"战战兢兢，如履薄冰"，来走求学这条路。

班主任：老师，通过这种读书来考试，我们也能够发现，其实现在社会上的教育，老师每天教的内容是一样多的，他们的作业完成量也是一样的，看似平等，其实是不平等的。因为孩子的根性不一样，比如说他们几个，每天背的书、做的功课，就要接近他们能够接受得了的。

陈老师：现在教育，大家都学一样的，用一种教法，这是最不平等。为什么呢？孩子们情况不平等，真平等是什么呢？就像自然界的万物一样，有的是小草，"喝水"只能"喝"一点，有的是大树，你浇一点水它就死掉了，根性不一样。所以说因材施教，孩子才能成才。反过来，家长也不要在那空羡慕，这些孩子真好，一定让自己孩子也这样。你错了，孩子根性不是那样的，你生烦恼没有任何意义。要懂得因材施教，"因"的意思是什么？顺着的意思，随顺的意思。你的孩子明明是很一般的，你非得让他上上，你那叫什么呢？拔苗助长，最后它死掉了。所以我们一定要知道，要先懂得观察孩子的根性。这些孩子有很多是劣根，比如说他，根性并不好，那为什么也变成了善根了？是德的教育、德的培养，人性本善，人都能教得好，再坏的孩子也能教得好。

班主任：老师，现在在很多电视的娱乐节目里面，我们看到会有很多小神童，他们心算很厉害，观众随便出数，他能马上给你结果；还有的圆周率可以背到小数点以后好多位数。有的家长就会说我的孩子就是这样的神童，那么这样的孩子以后会不会成才呢？

陈老师：我们刚才已经讲了，监狱里有好多神童。为什么呢？他跟其他人不一样，记忆力好、机灵，真的跟神童一样。为什么进监狱了？缺德。所以大家一定要知道，德性是根本，没有这个做基础，孩子越机灵，他危害越大。你看三聚氰胺，那都不是一般卖菜的人能发明的，都是有知识、有文化、有头脑，鬼聪明的人干出来的害人的事。害了多少人！我们通过这些事情都知道，真正好的根器是什么呢？第一个是德性，第二个是什么呢？就是记性！只有记性，没有德性，不行，没有意义。受了坏的教导，他反而作恶会超过一般人，绝对不是我们家长想看到的。所以成才，不是用钱来衡量，不是用官位，不是用什么大房子好车来衡量的，这些都可能给他带来灾祸。没德性不行！

第九讲　背书识根器（3）

为何大学生最差

学生：老师好。

陈老师：大家好。我们今天继续特别的节目《背书识根器》。今天来了三个大孩子，都是二十多岁大学毕业的大学生，他们这次考试的课程跟这些五六岁的、十几岁的孩子们一样，也是《礼记》，是吧？

班主任：对。

陈老师：选了四百字，考了三次，结果都是倒数，为什么？我们常常说现在教育是失败的、有问题的，原因何在？今天我们来听听这两个班主任讲讲，分析一下是什么原因。

班主任：老师，他们在这三天考试中的成绩都是倒数的。像这位大学生，她基本上是一句话背会都很吃力、很困难；中间这个女学生她还能稍微好一点点；这个男孩子是更加吃力的，好像让他背这些东西很痛苦。

陈老师：你看这三个学生来自不同的地方，我听说还是从香港大学毕业的，他们是什么呢？一句话，有的时候几个字都背不出来。

班主任：很费劲。

陈老师：什么原因呢？我觉得观众也很想问，你们给大家分析分析什么原因。

班主任：首先这三个大学生是刚刚到我们这里来，第一次参加这样的实验，他们三个有个共同的特点，心比较散乱，虽然是高学历，但是他们在背书的时候好像心不能够定下来，从他们嘴里背出来的文章都是断断续续不成句的，心里面是散乱的，脑子好像是乱糟糟的不是很单纯的，好像好多东西在互相干扰着。

陈老师： 我告诉你最关键的问题，我在二十世纪七十年代上小学的时候，学过一个词叫"聚精会神"，我对这个词印象特别深，而且我也能体会得到什么叫聚精会神，你全神贯注地在一个事情上就是聚精会神。我们那个年代很容易体会，为什么？没污染，外边没有什么乱七八糟的，笔、本子什么都很干净，人穿的衣服也很干净，白衬衫、蓝裤子、红领巾，老师也都是短袖白衬衫。现在你所看到的人穿衣服，没有一个人的衣服只有一种颜色，为什么？那是落后的，西方人笑话我们，我们那个时候脸都没地方放，说人家外国人到中国一看，走在中国的街上是蓝色的海洋、白色的海洋，穿衣服都一个色，被人笑话，所以后来就花花绿绿，耻于穿一个颜色的。真善美里边，一定要有真、要有善，换句话说要有道，那才叫美，现在什么都是眼花缭乱，心都乱了。我们那个时候班上上课聚精会神。我听说现在，孩子们上课上边一个手机，下边一个，俩手机，还戴着块手表，有的还配个掌上电脑，放学回家肯德基去过生日，晚上看美国大片，脚上都是名牌，一千多块钱，隔壁孩子的装扮不值钱，才八百多，你说他怎么能安定下来！我说这话你们这一代人有体会吧？

学生： 有体会。

陈老师： 我绝对不是言过其实。我看到今天人穿衣服我就知道人心安定不下来，孩子包括在内，为什么？衣服太花哨，所以我看你们传统文化学校衣服都很干净。衣服穿得那么花哨，上边全是外文字母，花里胡哨的，先把那孩子心弄乱了。所以大家一定要知道，人生在世，处处都有学问，弄不好了就把人教坏了。你们现在都大学毕业了，我相信你们从上幼儿园、上小学就接触到我说的这些。

学生： 是的，老师。像您刚刚说的那些情况基本上符合我，比如说在肯德基过生日、穿名牌的鞋、上课玩手机。

陈老师： 你们想一想，从上幼儿园、小学就开始这样，上到大学，十几年受这种污染，受浮躁的污染，受这些外边诱惑的污染，他怎么能安定下来？他怎么能心清净？换句话说，古文摆在面前，他看不下去，他也记不住，为什么？他脑子是一锅粥，乱了十几年了，这些大学生为什么变成了下下根这么差？受了十几年的污染，家里不管，学校不管，同学们互相攀比，对不对？

学生：是。

班主任：老师，人生有两大障碍，第一个"烦恼障"，第二"所知障"，从他们这三位大学生身上，我体会到了什么叫"所知障"。你比如说她，我就问她为什么连一句都背不下来，她上来就讲，英语老师讲了，可能是语感不好，她脑子里面全部都是这种错误的观点，还有可能是在读书的时候，不会像学生那么单纯。

陈老师：不是语感的问题，一个人心浮气躁、心烦意乱，语感再好也背不了，换句话说英语老师讲的道理不对，向外去求是错的，一定要向内求，用外面的方法解决不了问题，一定是内心安定，内心安定的前提是什么呢？定是从哪来的？是因戒而得定。现在你们这些学生从小把这些规矩都破坏了，都不遵守了，心就不能安定。心乱了，智慧就开不了，为什么？被遮盖掉了，被贪嗔痴慢疑这些习气给盖覆住了，智慧的光明就发不出来了。烦恼障是什么，吃喝玩乐这都是烦恼，它是障碍，你刚才提到的"所知障"是什么呢？错误的知见，邪知邪见，都是向外求的。你说这三个大学生，他们学历不如你们高，上学时间不如你们长，年龄不如你们大，但是你们就是生生不如他们，三次考试都不行，什么原因？根本的原因没有"戒定慧"的三学，你们没有经历过，心不安定，心不安定智慧就不开，能力就显发不出来，再加上脑子里有很多错误的知见，这是你们三个的情况。社会上还有很多不学传统文化的大学生，对传统文化、圣贤教育嗤之以鼻，最终高学历没智慧，只有知识，没有起码的解决问题的能力，智慧透不出来，"所知障，烦恼障"这二障把你们三个牢牢地障住了。

应该放下，要让自己心里清清净净，最后你真实的智慧就出来了。

学历高而能力低的研究生

班主任：另外，他们三个不能像同学们那样真正的老实听话，比如老师告诉从第一个字念到最后一个字，一下念下来算一遍，刚开始他会前面我再读几遍，好像要面子似的，不能把心安定下来。他们不能说老老实实地让怎么读就怎么读。

陈老师：学校里这种污染很重，大家都要面子，你在香港上那么多年学，学了很多东西，到这个地方来，一考试就这么个结果，什么感受？

学生：老师，我是研究生毕业，但是我背书也不如这里面十五六岁的同学们，我背书的时候心很杂乱。

陈老师：你确实感觉到杂乱是不是？

学生：确实是。我举一个例子，咱们背的古文是竖排版的，我还不大适应，比如我第一遍读的时候，读完第五行的最后一个字，就去读第七行第一个字了，但我还完全不知道。

陈老师：你问现在的老师，他会告诉你，这是你不熟练，其实不是，不是不熟练，这是什么呢？这是自己的心不能安定，看事情总看走眼，现在人为什么总出错，为什么车祸这么多？魂不守舍。你去体会，慢慢体会我说的这话。现在人没有不犯错的，你说发个快递准错了，写个字准错了，你千叮咛万嘱咐也出错，为什么呢？魂不守舍，不能够聚精会神把心定下来，所以你看着第五行该看第六行，结果跑行了控制不了，为什么？他已经乱到了所以然的程度了，乱了十几年了，你让他突然安静下来，一个字都看不下去。那反过来你再反省，你在学校，你们上大学都要参加考试，是怎么个考法，你怎么得到的文凭？

学　生：老师，我上大学这几年大部分时间其实都是吃喝玩乐了，我们本身可能一天就一两节课、两三节课，有的时候可能几天都没有一节课，偶尔还逃课，都干什么呢？我还算不爱逛商场的，其他同学们都爱逛商场。

陈老师：逛商场买东西那钱从哪来？

学　生：都是从父母那里要的。我不爱出门，喜欢抱着笔记本电脑看一些节目、看一些电视剧或电影。

陈老师：你说她背书她能背得好吗？我们跟大家讲，方法是真才实学的考法，你有没有真本事？来吧。你让现在的大学生试试，这叫真功夫、硬功夫，好多文凭都是混的、都是买的，就像你们说的，老师给划个考试范围，最后考得挺好皆大欢喜，他钱收到了，学费拿到了，补课费收到了，你也拿到文凭了，最后孩子毁掉了。我们再问问这个同学，为什么三次考试都是一句说不出来？

学　生：老师，关于这几天背书，我有以下几个问题。第一个问题是老师说的"所知障"的问题，我背书的时候，古文中的一些词语会自动被我知道的一些相近的词语替换掉，而且是不知不觉的，比如说"至道"，我背的时候，背出来的时候会不知不觉背出的是圣道而不是"至道"；如果要我把一篇古文一字不变地背下来，我就背得比较慢、比较难，这是"所知障"给我带来的问题。

陈老师：我觉得你根本的问题不是"所知障"，你别瞎用名词，这跟所知障没关系，你明明背的是"至道"，结果你就背成了圣道，你知道为什么吗？其实你们都是一个问题，不能够聚精会神地把它记住，精力集中"至道"，它怎么能是圣道呢？他脑子是乱的，这跟所知障一点关系没有，所知障是什么呢？他不认可这是至德要道，他认为也不是圣道，他认为这是别的什么东西，为什么会给自动替换了呢？你们会用电脑的人都说这些话，你看我到现在不会用网络、不会用电脑，我只看书，生活很简单，就这几行字，它怎么会记不住呢？你脑子里边全是信息，按什么有什么，你准是乱的。

班主任：老师，很多同学也有这种问题，就像刚刚您讲的他不能全神贯注，或者说不能够六根都摄，我们平常背书的时候，脑子里面想法比较多，心安定不下来，读完一遍了好像没读，或者说读到哪了都不知道，最主要的原因就是心不能够安定下来。

陈老师：大人，养家糊口的，心不能安定下来能理解，天天上班这么忙，哪有时间背书，能理解。所以背书一定在小的时候，小孩子什么事没有，饿了就吃饭，困了就睡觉，他心里特别干净，所以这是背书最好的时机。那你说小孩子哪来的胡思乱想？刚才我不是举例子了，连个背心都是花里胡哨的，他眼睛所看到、耳朵所听到、所接触到的，包括鼻子所闻到的，八万四千种味，八万四千种色，这孩子心都乱了，就像刚才你们所讲的，吃喝玩乐没有不沾没有不染的，他心怎么能安定下来，他怎么能不给换成别的词，他这脑子里边自动产生了这种效果了，什么效果？打岔。现在人他为什么这么爱出错？现在事故为什么这么多？就因为他脑子是乱的。

班主任：所以，老师，在这次考试过程中，我们就发现年龄越大，受污染越重，甚至说学历越高他背书越费劲。

陈老师：这三个就是典型的例子。

班主任：对。

陈老师：你们不相信吧？

班主任：不相信，我们会觉得大学生理解能力强，他应该背起来会比较快。

陈老师：而且他们年龄都是二十二三岁，怎么就不如十几岁的孩子？

你们做的实验很伟大、很重要，让大家看看现在教育失败的程度，文凭拿在手里，真才实学没有，真本事没有，心安定不下来，难道这不说明问题吗？

大学生是怎样报废的

学生：老师，我的第二个问题是，我受了十几年的教育，学得非常多，学得非常杂，每天会上很多科目，每个学期会考很多试，然后就把我的头脑弄成一团浆糊，很混乱。

陈老师：现在的教育不是教育，害人的教育，那叫教育吗？从小学，你看上午就四门课程，第一门语文课四十五分钟，他学完了；学完之后这点还没消化呢，第二门课数学又来了；绿墨水、红墨水，第三堂课化学来了，这样，你不要说小孩，大人受得了吗？我们可以做一个实验，你把专家学者大教授请来，上午让四个人来给他讲，四门课他受得了吗？更何况孩子，再加上下午又来了，一天下来他就变成浆糊了，十年下来，十几年下来都是这种教法，这都是西方人教的，一瓶一瓶都是浆糊。你想让他清醒都清醒不了，他是糊的。中国古人不这么教，中国古人怎么教？《三字经》里讲得很清楚"教之道，贵以专"，这一年就学语文，专学，他全部的精力都在这上边，他自然就通了。第二年学数学，一年学，他能够把七八年的都学会了，你这学了七八年真不如人家那一年，为什么呢？聚精会神、全神贯注。你看多简单，"一门深入，长时熏修"，中国人现在不要，学西方，脑子是浆糊的。你去问问家里的孩子，这些大学生，你去看哪个不是，而且我再问你们，你们现在大学毕业了，高中的不用说了，就说大学，你们刚学的，学的这些东西，你们还记不记得？

学生：不记得了。

陈老师：我见到过新闻照片，高中生、大学生毕业了，把书撕了满天扔，解放了，你说他对书有多恨，他对课程、对学校有多恨，这难道是教育吗？你们学校这些学生，十几岁的孩子没有恨过你们吧？

班主任：很高兴，有时间就看书。

陈老师：我听说有的时候班主任还跟学生讲不许看书了，是不是？

班主任：晚上的时候我们经常会提醒同学，督促大家赶紧回去睡觉了，不许再看了，不然他们就好像忘了时间，就在教室那么看书。

陈老师：跟今天社会上这些学校形成鲜明的对照，他有兴趣，他喜欢。

学生：老师，学校教育给我们带来很大的伤害，学的科目太多，每天熬夜做很多作业，可是做完之后自己又迷茫没有目标，因为学得太多太杂。

陈老师：你现在大学毕业了，你感觉你每天脑子的状态是什么样子？

学生：精神状态，注意力很难集中。

陈老师：经常恍恍惚惚的是吧？

学生：现在好多了，以前大学的时候，还有高中的时候，特别是高三的时候。

陈老师：周围同学都这样吗？

学生：对，迷茫、空虚。

学生：老师，通过这次考试，我也有几点体会，前面两位同学有的毛病我都有，而且我也感觉到这次考试，读十遍然后再去背，真的很吃力，特别吃力，而且总是感觉到注意力特别难以集中。

陈老师：你看他们反映都是这个问题，就是很难专注，很难专注的原因是什么？心是乱的，在学校受的教育是插科这种，上午下午各四科，一天八科，就这种乱。我讲的那些污染、那些诱惑，他们都是从小受过来的，你让他突然定下来，那定不下来，那怎么定？他一直处在焦虑、动荡、浮躁当中。

学生：很深，而且我也感觉到自己的心，尤其是在读书的时候更难安定下来，就像老师说的，这大学四年下来，真的知识没有长多少，德性、学问、能力一点没见长，但是受了一身的污染，时间、精力、金钱全部耽误了，结果什么东西也没有学到。就拿我们学校举例子，我的成绩在我们学校不算差的，因为很多学生普遍都像我这样子，我们班里大概有五十位同学，能专心致志听老师讲课的连四分之一都不到，其他的同学把手机打开，拿到桌子底下去上网、聊天，要不然的话，有的同学在教室里头都待不住，经常有一趟没一趟地往外跑，受不了学校安静的教学气氛，中午也不会按照正常的作息规律去休息，一回到宿舍就打开笔记本电脑玩游戏、视频聊天、上网看电视剧。

陈老师：你们这些电脑都是父母给你们买的？

学生：是父母买的。

陈老师：买这电脑干什么？天天看韩剧、看电影、打游戏？

学生：很多同学当时是说学校学习的需要，但实际上买回来跟学习一点关系都没有，大多用来玩。

陈老师：下午晚上都怎么过？

学生：下午的时候也去上课，上课的状态还不如上午，上完课了之后就去吃饭，晚上的时间都是比较自由的，没有什么学习任务，大部分同学还是在宿舍里头打游戏，打到晚上十一二点该休息的时候还是不休息，继续玩游戏，有些是通宵玩，玩到第二天早上八点上课，如果能上课就硬撑着去上，上不了的话，那就睡觉，第二天的课也不就上了。

陈老师：你说这种情况，他脑子怎么能正常？你不要说上根、中根、下根，读书人、读书种子、游戏专家，都变成了网吧了，这宿舍都变成网吧了。

学生：老师，我身边的同学们，大部分时间其实不是在学习，比如说世界杯，同学们会赌球。

陈老师：大学生还赌球？

学生：大部分是在网上下注，而且我在香港的时候同学也有去赌马。

陈老师：学生还去赌马？

学生：偶尔去。偶尔也有同学会在教室里研究讨论彩票、股票。

陈老师：所以你们不可能把书学好，你们都是商人，你们都是玩家，你们都是游戏的。

学生：老师，我背书的时候还有一个感受，因为同学们都在大声地朗读、背诵，大家分散站着，如果有同学一边走着一边靠近我，他声音很大，我心里就会烦，就想避开他，一会儿我在院子里背，过一会儿我就跑到餐厅去背，过一会儿我又跑到楼后面去背。

陈老师：别人靠近你你就烦吧？

学生：是。

陈老师：我告诉你，我们一定要记得，凡是适应能力差的，生存能力就差。你去问科学家，世间万物什么物种都有，生存能力差的、适应能力差的，一定命短，人也是这样。你看看今天的学校，从幼儿园开始，家长都找来，"给我们孩子的手套戴上没有？袜子穿好了没有？"那真的就跟对佣人说话是一样，我给你钱了你就得伺候好他，这稍微冷点不行，稍微热点不行；还有那有钱的家长，听说大学没空调就说"我掏钱了，把这一楼全部装上空调"，这是爱孩子吗？这是在害他，为什么呢？在这种观念之下教出来的孩子、养出来的孩子适应能力差，以后到社会上怎么办？大家在一个办公室，看这个不顺眼，看那个不顺眼，活不了了，生存能力、适应能力差到这个地步浑然不觉，现在自杀率为什么那么高？尤其年轻人，动不动就死，为什么呢？从小被惯出来的。有个老人好像是爱孩子但实际不是，这孩子不大，一岁多，小女儿。外边稍微有点风吹草动，邻居家有点事，老人就过去跟人谈，最后关系都很紧张，这还在其次。你这样说、这样做，孩子都记下来了，他张嘴第一句话，我不要怎么怎么，我不喜欢坐板凳，我得坐那个，现在孩子都这样吧？我不吃这个，我要吃那个，谁教的？好像我们在爱这孩子，错了，从小斤斤计较、挑剔。家长们、老师们不能这么教，你是在害孩子。"你们不能太吵，我们家孩子在睡觉"，等你的孩子长大了，让他在小区里住一住，他出去说，"你们这不许这么吵，我要睡觉了"，那人家不得骂他，人家不得笑话他，你算老几，凭什么你睡觉我们大家就得保持安静。大家一这样对他，孩子就受不了，就容易寻短见，他就生很大的烦恼，发脾气，现在孩子不都这样，全是家长六个大人，爷爷奶奶、外公外婆、爸爸妈妈一点一点给教出来的，一看茶水，"不行，我孙子怎么能喝这样的呢，重新换。"那小孩子就说："妈，你得给我重新换，我得喝那样的。"所以将来他是祖宗，他是太上皇不奇怪，那你们家这个小太上皇不到社会上了吗？到了学校没人容他，没人搭理他，而且处处跟别人为敌。家长们要深思我说的话，为什么现在得精神病的那么多？想不开的那么多？都是太计较了，你在今天节目上提出来为什么背书背不下来，心神不宁？他宁不了，为什么呢？从小被宠大的，这不合适，那不合适。"妈，得给我把XX拿来，爸得给我……"他心里边有个巨大的障碍，为什么？他顺太久了，突然有一点不顺了，他活不下去了，屁大点事就得要跟人家打，跟人家斗，最后把人杀了，他为什么会这么干？什么都容不下，大家听了今天这堂课要受教育，这三个大学生为什么背书背不下来？原因太多了，这也算是一个，人靠近我点不行，得躲着，无比地挑剔周围环境，你说这生存能力已经降到零了吧，哪个地方允许你这样？你就知道，为什么今天人人不如意，烦恼那么多？都是从家教失败开始的。

学生：老师，刚刚您提到说家长怕孩子在学校里面热，就要花钱装空调。我记得我大学的时候，妈妈特别关心我睡眠够不够，我说我去占座必须要早起，然后可能就睡眠不够，妈妈就说那你花钱雇一个人给你占座不就行了，我当时听了也觉得不是很合理。

陈老师：今天的家长根本的原因不在于钱多，而在于观念错了。我们过去那个年代没听说过这样的话，你们有没有想过，在这种观念教育下，她就是姑奶奶。到了社会上工作，哪缺个姑奶奶？动不动就掏钱，说你去帮我雇个人。现在的家长不能让自己的孩子受一点委屈。大家听听我们到底该怎么教孩子？我们有一堂课"孩子要先学会受委屈"。这点苦、这点委屈受不了，像这样的妈妈，幸亏到这里学佛来了，否则的话她的心理会很脆弱，她要没钱呢？没钱雇人她怎么办？她就会去想歪门邪道，她为什么不自己做？她受不了那苦。为什么一身懒肉、一身懒筋、一身贱骨头呢？惯的，一点苦受不了。我宁可当个贱人、当个下三滥，我也绝对不去受苦。话说回来，人为什么不能聚精会神呢？他身上每一块肉都是懒的，每一截筋都是懒的，他受不了，所以要想成圣成贤十年寒窗苦，做梦，中国为什么现在没人才？今天我们把它讲出来，谁都不能吃苦，你说像少睡会儿觉能怎么样？《古人勤学故事》那本书大家要看，家里没灯，借着隔壁的灯光，匡衡凿壁。我记得太清楚了，我小时候就穷到那个地步也得把这书看了，为什么呢？我这辈子要有出息。真有志气！再穷我能够成圣成贤。范仲淹求学的时候，这一碗粥画十字，冬天画十字，冻得硬硬的，一天上午中午吃这一块，下午晚上吃这一块，就这么吃这凉粥。现在大家都不看这个了，都按照这种教法，他受不了，他活不了，从小被溺爱大的。溺是氵加个弱，中国的文字是智慧的符号，看这个字就能够觉悟。溺爱，爱前边加个溺，溺是什么意思？他们问我"氵"什么意思？我说那是妈妈爸爸糊涂的眼泪，"我的女儿睡觉睡得这么少"，留下来的眼泪，你一流眼泪你看那边是什么？弱，你越这样对他他越弱，你想不想让孩子弱？那你就哭吧，心疼他吧，所以我们大家一定要知道不能溺爱，氵，溺爱的眼泪，完全是糊涂的眼泪，把孩子害了。

吃喝玩乐的一代

学生：老师，刚刚您说身上每一块肉都是懒的，我来到传统文化学校跟大家一起习劳以后特别有体会，每一块肉都是懒的，每一根筋都是懒的，一点也不夸张。比如说劳动的时候有间歇，大家停下来不干活的时候，我发现同学们都还是保持原状还站着，我就恨不得坐地上，就不想站着。

陈老师：躺那才好呢。

学生：平时在传统文化学校里，老师讲话的时候我们都是站着的，站一会儿我就浑身难受，脚也酸、腿也疼。

陈老师：你那个状态跟八十岁的差不多，你不如八十岁的，为什么呢？你到农村看看老人是什么样的，你今年二十二岁，这个姑娘也二十二岁，你看看她说的症状好像是七十岁了，甚至八十岁了。我们就想跟家长说，你到底是想让你的孩子很坚强地活下去，还是像个懦夫一样早点死去？他生存能力太差了，这能活得很长吗？你说这能幸福吗？站都站不住、站不长，今天的家长要觉醒，孩子不能成才的原因是什么呢？不能吃苦。

学生：老师，我觉得我身边的同学很空虚、无聊，心安定不下来。他们心情不好的时候会想要去逛商场，逛完商场心情就好了，这我也无法理解，我不喜欢逛商场，因为我觉得逛商场心很杂，因为人特别多，东西也特别多。

陈老师：她们逛商场花钱，花完了钱心情就好了。

学生：她们不花钱心情也好。

陈老师：她不买东西为什么也觉得很快乐？过瘾，在她心里边作为一个学生，第一位的不是读书，不是求学，而是消费，消费不起看看也过瘾，这就是现在年轻人的价值观。你说一个消费者，一个玩家，一个娱乐的人，他能够把书背下来吗？所以说你们是大学生，我觉得大字不要，学生也不合格，这就是现在高等学校的现状，香港也是这样，所以要想看你们家的孩子是不是个读书人，很小的一个测试，你看这三个学生就看出来了，这是抽样调查，我们相信绝大部分人都是这样，哪一个像学生？上了大学第一件事搞对象、消费、吃喝玩乐，到时候混个文凭。

学生：老师，说到搞对象，我上大三的时候，就有一个大一的新生跑过来问我，说大学里流行一句话，上大学如果不搞对象的话就是错的，是会后悔的。我就跟他讲，这句话是谁对你讲的，他说大家都这么讲。

陈老师：所以你就知道，如果大家是来搞对象的，而不是来读书的，你就不要相信文凭，因为没有意义。今天的人们价值观里，读书为了什么？为了搞对象，有钱为了什么？为了享乐，没有一件事是正经事。所以今天年轻人脑子乱，你看看他家长的观念是什么？所以你们今天考试考到这样，根源在哪里呢？我们还是要看根。根源在一开始就没有受到过圣贤教育，咱们上大学不为了乐吗？那你再问问他，这四百个字你把它背下来为什么？他不知道。你们做这个实验干什么？多好笑，他不知道为什么。迷惑到了极点，完全不知道这个世界上吉凶祸福是怎么回事，圣贤教育是怎么回事，完全不知道什么叫读书人，所以我们节目有一个目的，总是希望按照古人所说的，给天下留一些读书种子。现在谁还讲这个，你们大家听听这大学生都在说什么？这些毕业生，从小就受这样的观念，中国还有读书种子吗？没了。所以他们学校班主任做的实验太伟大了，能测试出哪些喜欢读书，是这块料要好好培养，到这来学习的大学生有志气，将来还有希望，否则的话，听都没听说过，中国读书种子就没了。中国多少大学生，连这都不懂，中华传统文化还怎么复兴，这不是空话吗？这些古书再也看不懂了。麦当劳里吃鸡腿长大的，天天是在那吃喝玩乐长大的，能看得了这些东西，能受得了这些苦？受不了。所以说今天大学生的堕落不能怪他们，是整个教育的目的，家庭教育、学校教育的目的错了。为什么呢？他们的目的是为了享乐，不是为了成圣成贤，不认为"读书志在圣贤"。所以你看看这些大学生多可怜、多可惜，他们如果在十几岁，甚至在更早的时候就在你们这些学校学习，都成了不起的人了。他们现在知道错了，父母都给送到这来了，花了那么多钱，受了一身污染，多可怜、多可惜！所以我们由此就知道，中华传统文化一定要从小就开始教，不懂这个的大学生都报废了，还不如那些十几岁的孩子。你要知道背书只是一个测试，测试他的心里是不是安定，这些人将来当了官肯定管不好城市，他们去当社会上的公职人员一定会砸锅，为什么现在灾祸这么多？心乱如麻，都是这些大学生毕业去当了官，去当公务员，去做这些差事，为什么出事那么多？根源我们找着了，你不听他们说了，六神无主，定不下来，心神不定，该按这按钮准按那去，灾难出来了，最后问他，他也不知道，就跟他一样自动替换，明明该按这个，不行就得按那个去，准出大事。人坏了，人心不能安定了，不能安定的前提不能够守规矩，持戒没有了，没有规矩了。《弟子规》太重要了，要把它做到；做不到，人不守规矩，心是乱的，心是乱的就没有智慧净干傻事。你说这道理能有多复杂？很好懂，所以我们很希望官员们也来听听，为什么社会出了这么多的问题，出了这么多乱子？人心乱了，人心要想恢复正常，就要都学《弟子规》，都守规矩就行了。

班主任：老师，我们都念过大学，我觉得对于现在大学生还有一个很重要的问题，从小没有吃过苦，很多都是五谷不分、四体不勤，什么活都干不了，娇生惯养长大的，所以他一接触背书就感觉痛苦或很难，所以往往这样的原因也占一部分。

陈老师：你说得很对。我们那个年代从小就受苦，这一点苦你都受不了，十年寒窗苦你怎么受，十年寒窗苦没有，你怎么成才？成才也是假的，不是真的。所以说生活这种苦那是预备课程，真到了学校，十年寒窗苦开始了，他就受得了。他们为什么受不了？没受过苦，读书是很苦的，读书人都知道，真苦，那种苦是心里苦，身体也苦。"三更灯火五更鸡，正是男儿读书时"，为什么他们不行？稍稍碰到一点苦马上就缩回来了，"不行不行太苦，我不受这个"，你看很多义工是不是？"受不了，不行我得走"，为什么？没受过苦长大的。今天我们通过这三个大学生发现他们很差，总结出来很多原因，归根到底一个，圣贤教育没有了。取而代之的是什么呢？西方价值观，吃喝玩乐，从小享乐。所以今天他们也很痛苦，投奔你们这里来重新改起，重新改起难在哪呢？先得洗澡，把这身脏东西往下洗掉了，等改完了，他们已经四十了，再学吧，多不容易！如果他七八岁、三五岁就开始了，就没有灾难，所以你们要知道走错了路那是最大的灾难，好在他父母都是学佛的，要坚定地让他们走正确的路，他们发大愿心能够很快的把弯路给补回来。下一期节目还叫《背书识根器》，只有因材施教才能够把他培养成人，他什么材料你都不知道，你怎么教他，你怎么施教？不对他根基，他也痛苦，你也达不到效果。

第十讲　背书识根器（4）

花言巧语最糊涂

同学们：老师好。

陈老师：大家好，今天是《背书识根器》的第四集，孩子到底是什么材料，什么资质，用背书方法就能看出来。四百个字古文拿出来，读十遍，能不能把它背下来，背多少个字，上根的孩子背四百字没问题，再加五百、六百，都能背下来，这样的小孩子不多见了，古代都少见，现在更难找了，现在能背下四百字就不错了，那真的是读书种子；稍微差一点背两百字，是中等水平；背下来一百多字，那是下根。这样把它分出来，分出来之后因材施教，不同根性的人，用不同的教法，上根性的人多让他背，中根性的人减一点，根性比较低的人，怎么办呢？因材施教，给他少一点，课程、功课都少一点，他也很欢喜，还能出效果。这次他们班主任用这个方法做了一次检测，我们用检测的结果录了这几期节目，让天下的老师、家长、学生们一块来分享，大家来看看是这么回事，第一集出来的孩子是根性不错的，读十遍真能背下来《礼记》里边的一篇，提前不让看，临考试了，课本收回来，就这么背。那么第二期节目，录了三个大学生，他们是最差的，还有三次考试一句都背不出来，我们对这种现状，该做何评价、做何反省，这是第二期节目。今天最后一期，来了四个同学，这四个同学情况不大一样，总之都是需要好好反省的，他们是什么情况呢？背书很困难，这个小男生是最明显的。

班主任：对。

陈老师：你先讲讲。

班主任： 这个男生到我们这儿来已经有三年多的时间了。

陈老师： 几岁了？

同学： 今年十二岁。

陈老师： 十二岁。

班主任： 嗯。他经常因为巧言令色挨罚，他来这儿三年，不会因为别的挨罚，就是这个毛病。

陈老师： 就这张嘴。

班主任： 就这张嘴，嘴贫，跟大同学贫嘴，要么就给大同学讲道理。

陈老师： 能说。

班主任： 能说，最重要是他混淆是非，那张嘴太能辩了，能把自己犯的错误辩成自己是无辜的。

陈老师： 能把黑的说成白的？

班主任： 是。

陈老师： 我告诉你，这样的结果把他自己说乱了。

班主任： 他就心里迷糊了。

陈老师： 对，大家一定要知道"巧言令色鲜矣仁"，把黑的说成白的了，把丑的说成美的了，为什么？他为了自己，自私自利，所以在这种情况下，别人不上当，那正人君子，明白人一看就知道，他绝对是一个耍嘴皮子的，是个小人，伪君子，离他远点。最后别人害不了，他把自己害了，为什么呢？本来是错的，他非得说成对的，最后他自己也当成对的了，把他自己害了。

班主任： 他刚来的时候就混淆是非，在他身上的恶果还不是很明显，最近这一两年更明显，我们发现，我们给他讲的道理，他是听不懂的，其他同学都能听得懂。

陈老师： 最糊涂。

班主任： 最糊涂的一个。

陈老师： 他为什么最愚痴？他平时总在那儿狡辩，一定记住不可以狡辩，为什么说不跟父母、长辈、老师狡辩顶嘴？你再有理，你这一狡辩，本身伤了伦常，顶撞长辈、父母的行为本身就缺大德，所以好的传统文化学校对巧言令色的要严加管教，让他知道羞耻，不可以养成这习惯。这孩子来这儿三年多了都没改，什么原因呢？他来这儿的时候九岁，他刚在这儿受三年多教育，他在家里受了九年的教育，九年和三年多不成比例，你别指望着学几天就能好。

班主任： 没来我们这儿之前，家里的玩具都是论车的，一车玩具，要什么给什么，而且孩子在北京上小学，从小就寄宿，他在宿舍里跟那些富家子弟在一起，沾染了很多习气，都是他这年龄不该有的。

陈老师： 都学会了。

班主任： 都学会了。

陈老师： 这次他考试什么情况？

班主任： 一句话都背不上来。

陈老师： 倒数第一是不是？

班主任： 倒数第一，我说你背几个字，前四个字最简单，你背一背，他说他背不了。

陈老师： 三次考试都是这个结果，为什么？所以说大家一定要知道，说孩子是读书人，受人尊敬，是读书种子，是读书的料，什么原因呢？德行是根，孩子从小受了很大的污染，耍嘴皮子，巧言令色，你看他还不太大，现在刚十二岁就受害了。

班主任： 老师您看他的嘴，您留意一下，嘴都说尖了。

陈老师： 对，"相由心生，境随心转"，一个人口业不善，从他的嘴形上就能看出来，所以说好的传统文化学校的老师先看孩子命，不着急让他背四书五经，不着急学这些，我们换另外一种教法，鼓励他、奖励他，背《四书五经》背得好，奖励他，他肯定背得快，为什么呢？自己能够炫耀，他耍嘴皮子也有这个原因，你看我多能说，他以为自己可能背得很快，但是最后呢，最后他耍嘴皮子的毛病越来越严重，他背的那四书五经都是表演的工具，成了害他的工具，那不是正法，这些东西到了这些邪人的手里都害人。我们看到很多的小朋友在那儿表演四书五经，这对他一点好处没有，为什么？伤他的德了，他在那儿炫耀，他在表演，不是实实在在地去落实德行，所以这个孩子一个字都背不出来是有原因的。

班主任：老师，其实这个同学是很聪明的，但是他有一个最大的问题就是不老实。他这三次考试，每次基本上一句话都不会，今天是第三次考试，你就发现他开始用他这种小聪明来骗老师，大家都读十遍，他到一边去了，先把前边那五行反复来读。

陈老师：先把这五行读十遍。

班主任：对，他过来一考，前五行背得特别熟，因为跟前两天完全是不一样的，我就问他，我说你是不是没有听话？不承认，后来就又问了好几遍，最后承认了，还跟你在那儿辩解，其他同学在背的时候，我在旁边听到了，我就比较熟悉，他的所有聪明，包括他的所有心思都用在辩解上了。

陈老师：歪门邪道上。

班主任：是的。

陈老师：小的时候没有好的家教就这样，好的家长、明白的家长一巴掌就给他改了。否则的话你看就现在多难，你们是不是教他很难？

班主任：他说他控制不住，就想狡辩。

陈老师：已经成习惯了。

班主任：成习惯了。

陈老师：九年，张嘴就来，说的都是歪门邪道，跟你在那儿辩解，不是因为这个就是因为那个。

班主任：而且随着年龄的增长，这种的错误知见会越来越重，他天天都说这种错误的知见，慢慢就把他脑子里面正确的价值观全部取代了，也就是说剩下的全是邪知邪见，他留着这些邪知邪见，再用他的小聪明，他根本不知道这是害他自己。

陈老师：越能说越聪明，行的不是正道，都是歪门邪道，他将来害人越多，造恶越重，受的罪和苦难也越多。所以你们看这样德行的孩子，一句话都背不出来。所以"德者本也，财者末也"，大家天天在背书上下工夫，不在德行上去修行，这不管用。

班主任：老师，其实这个孩子如果他笨点，他不会读书，我们觉得还好，现在我们最担心的是这样的孩子。

陈老师：对。

班主任：因为这张嘴，他肯定会惹祸。

陈老师：他不知道怎么得罪别人，说者无心，听者有意，最后把人气急了，人家就要跟他拼命。

虚妄之心如何得真实之益

班主任：老师，这位男同学，他在来我们这儿的时候已经十七岁了，在读高中，已经受了很重的污染，妈妈已经管不了了，在家里偷拿父母的钱去买名牌，跟同学吃喝聚会，妈妈跟我们讲还谈了女朋友。

陈老师：反正那个坏的能学的都学了。

班主任：是，污染很重。这个同学他有几个问题：第一个他的虚荣心特别重，他每个月要给家长写信，跟谁合影了，或者是说看到哪些东西，都是些外在的东西，完全跟自己的德行、学问、别人的优点没有什么太大的关系。他喜欢夸夸其谈，我们很多次在前面大家去分享，你看他说出来的内容就跟他的年龄不相符，或者说跟他该有的心智完全是不一样的，一看就不是他内心中最真实的想法。

陈老师：你说了这两样东西，对于学生来说其实都是很要命的。家长和老师都疏忽了，要保护好这些孩子们的德行，刚才说的这两样绝对不能碰。头一个虚荣，那家长经常讲，你最近又碰到什么名人了，这增长他的虚荣，你看看人家好车好房，增长虚荣和贪心；第二个不实在，一定要记住，说大话不是好现象，就像你们所讲的，说出来的话跟他年龄不相符，说明他把真的藏起来了，他拿了一个东西又安上来，那个东西是假的，一定要从"真实心中作"，告诉孩子们要纯朴，你这个年岁就是很单纯的，想什么样就把它讲出来，一定要将真实的心里的想法讲出来，不要去学那些华而不实的东西，好像大家一听高看你一眼，不可以哗众取宠。我们看到很多的学生，说出来的话都从书里抄来的，大家给他热烈鼓掌，增长他的虚荣心，增长他的浮华心、虚伪的心、虚妄的心，这都是不实在，不是好事。

班主任：第三点就是他受污染很重，来我们这儿之前他已经在社会上待过了，他的那些朋友都穿名牌，刚开始来的时候，每天都很看重发型，包括佩戴的眼镜、穿什么衣服，都是很讲究的，手里面父母给的零花钱就没有断过，满脑子都是这些。

陈老师：在这四年，这些污染还很重，他考试是什么情况？

班主任：他考试的情况跟同龄的同学相比要差很多，四百个字，他能背到四十多个字、五十多个字。

孩子为何精力不能集中

同学：老师，我要为自己以前的行为做一个忏悔。记得幼儿园的时候就开始偷，偷东西，第一次是被妈妈说了、打了，从小学开始就偷父母的钱，跟同学比吃的，比各种各样的，当时的数目都很小，五块十块，到了初中、高中，就开始几百几千地拿，那个时候就开始知道有什么名牌，什么好什么坏，就开始攀比，看到别人有的，就拿父母的钱去买，每天脑袋里都是这些东西。

陈老师：周围的同学也经常比这些吧？

同学：是互相比。每天上课都拿着手机在下面玩，看一些不该看的东西，比发型，比谁的衣服好看，谁的眼镜好看，都比这些东西。尤其是高中的时候，基本就没有怎么学习，天天想着谁谁过生日了，然后买礼物给他，同学出去聚会，吃饭。

陈老师：你们听听现在中学生都在干什么，这是学生吗？拿着父母的钱天天混日子，比吃比喝，吃喝玩乐，什么原因？举世的价值观都是这个，你去问问天下的父母，你赚这么多钱干什么？吃喝玩乐呗，那还能干什么。

同学：通过这几年学完传统文化，我也感觉到这些虚荣浮华的东西对我影响很大，对我前进的道路影响很大，也很痛苦，是最近这几年才有这种感受，以前根本就没有这种感受。

陈老师：麻木的。

同学：是的。

陈老师：你再讲讲这些经历、这些污染，十七岁之前受的这些对你后来求学、背书有哪些影响？

同学：老师，学习传统文化以后就开始背这些古文，在背古文的时候，注意力根本就不能集中，脑子里都是以前那些名牌、手机。

陈老师：你背书的时候这些名牌手机都出来了？

同学：是。或者说一些妄想，不一定是这些，但是有一些妄想都会出来，思想根本就不能集中。

陈老师：说到这儿，让我想起你们班主任讲的话，你们班主任原来刚当义工打字幕的时候也忏悔，她忏悔跟你想的一样，后来忏悔说什么呢？老师，我一边打字，我脑子里边一直想麻辣火锅，那是我最爱吃的。我说这真是个本事，打着字脑子里边有一锅火锅在那儿冒着热气。你们一定要知道，一锅火锅就能让她这样，你说你受了这么多年污染，你那脑子要能消停下来，能安定下来，那是做梦。

同学：我刚来的时候自己手里有一张银行卡，里面就有很多的钱。

陈老师：谁给的？

同学：有的是父母给的，有的是自己偷着拿的。

陈老师：你拿那么多钱要干什么？

同学：自己养成了习惯，有的时候不想花也去拿。背书的时候背不下来，自己也很痛苦，知道自己以前做的是错的，但是这些妄想除不掉。

陈老师：停不下来。

同学：是的，我就跟好的同学比，我说为什么人家可以，我就不可以，以前的污染实在是太重了，这种想法很强烈。

切断外源，远离污染

陈老师：我相信普天之下和这位同学情况类似的有很多，想学好，太难了，十七年污染，那不是七年，十七年哪，基本上定型了，好在家里人学佛，妈妈死活让他在这儿学。你说孩子还能不能改好？能，我有信心，你要问到我方法，那么多家长都想问，我们家孩子也这样，也想改好怎么办呢？我告诉你一个最好的方法，第一个，外源要先断掉，手机、网络、电视断掉，他要不在这儿四年，这将来进监狱了，那就是江洋大盗了，不是小偷，上学的时候就几千地偷，偷够一万就判刑。再打架，再吸毒，这辈子就这样了。这四年在班主任、学校的管制下，杜绝一切恶源，所以我提建议管教这些这样的孩子们，先要把恶源断掉，绝对不能和不三不四的人来往，不三不四的东西、不三不四的事情都要给他断掉，"非圣书，屏勿视"，一切不好的全部给他屏除掉。第二发大愿心，这辈子要不改好了，就不是个男子汉，一定要对得起父母，要发大愿。前提条件是绝对不能够沾染外边那些习气，拿个手机，那上边暴力色情都有，一打开，你就完蛋了。前些天汇报团胡斌同学上这儿来了，他忏悔，五年都没有断掉外源，两手空空来向我忏悔，录了一期节目，他说他什么都没学会，现在从《弟子规》开始背起，再过几年就三十岁了，从《弟子规》背起，五年荒废过去了，所以你们一定要汲取他的教训，外源太重要了，手机绝对能要你的命，为什么呢？它把你教坏了，将来走上犯罪的道路就没命了，这是苦口婆心给你们讲，凡是天下受污染重的这些人都要走这条路。

班主任：其实像这位同学这种状况，对他的学习是很有影响的，首先在跟他这几年的接触过程中，我们老师都有一个体会，你看不透他，有的时候你不知道他的心在想什么。你看这几位同学，十遍之后都能背下来，他们都很单纯，一下子你就知道他在想什么，他在做什么。

陈老师： 现在幼儿园吧，能不能找到一个单纯的孩子？没了，都受污染了，这都被污染到十七岁，还了得了，所以你们能把他教成这样，托他家里人学佛家长的福，要不然就完了，这又多出个小偷来，肯定进监狱。你闭着眼不想都知道肯定是这下场，而且不用太久，家里管不了了，到社会上去混了，完了，幸亏在你们这儿四年。

班主任： 所以很多家长就有这种错误的价值观，觉得孩子不能太傻了，让他精一点，免得以后在社会上吃亏。其实他不知道这样的话，直接就把孩子以后的学业耽误了。

陈老师： 越学社会上那一套，这孩子越看不透，将来他遭罪越重，越不好救。话又说回来了，你说第一期出来那些孩子都很单纯，一点不傻，家长们一定要记住，跟这些恶的东西不发生感应。

班主任： 对。

陈老师： 你看这个孩子，从小你怕他将来跟社会没法接轨，学去吧，他是学了，他就跟社会这些恶的去接轨了，就跟他有感应了。

班主任： 对。

陈老师： 那些孩子到社会上，坏人看到他没感觉，他看到坏人也没感觉。

班主任： 对。

陈老师： 这是"非圣书，屏勿视"不受污染的好处。家长要知道，不是在传统文化越关越傻，那不是好的学校，真到正统的好的传统文化学校，越教越好，越教越明白，他跟恶的不发生感应，这不好吗？安全。

班主任： 但是对于这样的同学，家长也好、老师也好，还是要有信心，他在这边学习，四年多的时间，虽然说读十遍之后背下来的可能只有四五十字，但是老师严格管教，他的心还是很安定的，你让他一个半小时之后反复地背，他能背得下去，他还是可以背下来的。

陈老师： 现在四百字能不能背下来？

班主任：可以，时间需要长一点。

陈老师：其他人是读十遍就能背，他可能需要半天、一天是不是？

班主任：对。

陈老师：他将来绝对能有出息。前提条件是要走这条路，受污染不行，那没办法了。所以我们就看到希望，也可能他再过一些年，读十遍就背下来了，这就是好事。我们一定要明白，过去的污染太重了，就像他讲的，不是不想除，控制不住，业力太重了，所以说受污染可了不得。这儿还有一个男生，他们家人做买卖的，我为什么特别要讲这番话呢？在家里一定要知道，要把门风换过来，全家人观念要转过来，能出一个读书人可了不得，家里出了一个圣贤君子可了不得。现在能做买卖就行了，能赚钱就行了，那是绝对教不出来的，为什么呢？孩子稍微一转变，家长还没转变，咱们回家赚钱去就完了，你说他能够成为什么好根器？好根器也给糟践了，他哪里还有心情来读书、背书呢。

孩子为何没志气

班主任：这位同学在读十遍之后，基本上背不下来几句，他有一个很大的问题，自私，这是最主要的原因，他的自私让他心性开不了，你就感觉他的心都是缩在一起的，不能打开。在所有同学里面，特别是年轻人中，自私是最可怕的一个问题。我们发现他好像对于什么都不感兴趣，好像也没有什么特长，或哪一样优秀一点，总体来说在全班中好像每一样都是在后面的，这是自私害的。老师，这个男同学比较冷漠，他姐姐哥哥也都在这儿读书，他好像对于亲人的好坏没有什么太大的感觉和反应。老师的教导很难唤起他的感恩心。另外，我们在做学生调查的时候，问大家对读书感不感兴趣，他就举手说不喜欢读书，对将来做什么好像也是很迷茫的。

陈老师： 你要告诉他，现在可以不喜欢读书，将来命下贱不要怨别人。话又说回来，一家人兄弟姐妹，其他人都很有出息，唯独自己是个没出息的人，就不感到羞耻吗？家门败类，现在我这番话没人讲了，为什么呢？大家谁能赚钱谁有本事，大家也不懂谁有德行，举世都是这个价值观，家家户户都是这个价值观，能有好人出来吗？我当这么多年老师，看学生不少了，一看这男生就发现，他最大的问题是没志气，没志气的人什么模样呢？萎靡不振，自私自利，对什么都不关心，不感兴趣，即使有也志向比较低下。你不是听有的义工讲，将来他就摆个摊卖菜也行，这叫什么呢？志向低下。我们讲人心胸狭隘，没有情趣，很空虚很无聊，志向畏缩，抠抠缩缩的，不大方。如果真的碰到会教育的家长就要从小给这些孩子们讲"好男儿志在四方，大丈夫顶天立地"，要有出息，要以这个为自己的人生观。所以说人小的时候受的教育太重要了，你让他背书，他不用心，为什么？他不喜欢，将来出去赚钱不就行了。所以人的心智都非常迷惑，志向都非常卑微，摆摊卖菜去。这要在过去，老爷爷一个耳刮子扇过去，我们老王家怎么出你这么个败类，你卖菜去，你这么小为什么不读书呢？为什么不成个有出息的人呢？没人教了，现在只知道吃喝玩乐了，所以说志向低下，没有什么高尚的理想、高远的气节，没有了，读书千遍也好，四百字背诵也好，会感到很痛苦，他也做不好。

班主任： 老师，通过这个同学背书，我们也感觉到他内心里确实是非常迷惑的，无论听什么东西都听不懂，他愣神、发呆、看着你，但是你知道，他根本就没听懂。

陈老师： 他为什么听不懂？因为无聊空虚的价值观在心里，自私自利在心里堵着他、障着他，他自己的智慧发不出来。

羞耻之心的教育

班主任：我们第一集里面的那几个同学都是比较单纯，背书能力很强的，这算不算是一种福报？

陈老师：每个人来到世间命真的不一样，一奶同胞，有的人，你看弟弟车祸就走了，哥哥活到九十多岁，真不一样，那怎么办呢？要让他受教育，受《弟子规》《感应篇》《十善业》的教育，让他先明理，让他知道善恶、是非、美丑、智愚的标准的教育。让他知道这些东西是低下的，这是下三滥的，这是没脸的，他慢慢就好了，全社会不以这个为耻，不可能出人才。现在古人所讲的"万般皆下品，唯有读书高"，书指的是圣贤教育经典，教育被打倒了，不以这个为耻了，大字不认识，掏出一把钱来。你看下面这个新闻。

插播新闻报道

大款游客：你给想想辙，通融通融，我给你拿点钱。

导游：这不是钱的事，这真的不是钱的事。

大款游客：我们就想看看。

导游：看您说的，这不是说谁想看就看的，它也不是您家的，您说是不是？

大款游客：我家的？这地方我买了不就我家的了，我给你一个亿够不够？我买了。

导游：一个亿，那您够有钱的，挣钱也挺不容易的，出来玩，保持一个好心情，大家开开心心的才好，您说是不是？

大款游客：别说了别说了，小导游，来来来，给你一万块钱，行不行？

导游：这么多人都看着，您这样最起码对我是不尊重，对您自己也不尊重，您说是不是？

　　作为中国人在这儿看着，我们的同胞都这个样子，举世都以钱来衡量，让人笑掉大牙，为什么？他不以这个为羞耻。所以你看看，你们这是传统文化学校，教出来的都是中国人的好样子，但是来的学生几乎说没有好的，为什么？都受了污染来的，是不是？

　　班主任：对。

　　陈老师：哪个是刚出生抱过来的？还不都是父母有点觉悟，学佛了，送过来学学，才走上了这条路。所以说他的家长也难得，一定要让他们全家改变观念，家里出个读书人无比荣耀，出个有钱人不算什么，你看那有钱人多丢人，给全国人民丢脸，所以说我们一定要知道，荣辱的教育比什么都重要。

男孩子为什么像女孩子

　　班主任：老师您刚刚讲到，这位同学有一个最重要的问题，就是没有目标、没有理想，我觉得这个问题是很可怕的，为什么这么说呢？就是现在社会上所有的年轻人普遍是这样的，而且我们观察，很多男孩子不像个男孩子，倒更像个女孩子，挑三捡四的，穿衣服也好、说话也好，越来越女性化，越来越像个女孩子；相反，很多女孩子越来越野蛮，越来越像男孩子。

　　陈老师：我听说有个词叫女汉子是吧，大家不以这个话为羞耻。换句话说，女子不以刚强为羞耻，男子不以卑微、弱小为羞耻。男的不像男的，女的不像女的，现在颠倒了。

班主任：老师，他今年才十七岁，你看他身上没有那种年轻人的朝气，也没有说大小伙子的血气方刚，感觉弱弱的。

陈老师：没有理想、没有志气的样子。

班主任：阳气不足。

陈老师：为什么阳气不足？今天举世的年轻人你去问，他们的理想吃喝玩乐，那就是堕落，那就是享乐。昨天那个女大学生不是讲了，每块肉都是懒的，那是她自己说的，吃喝玩乐能教出好人来？你想让他们有朝气，那不可能，那真叫做梦。所以你们看到他们这样的你就知道，他心里什么样都写在脸上，都在他的精神状态上。我们一定要知道，理想、志气、人的精神，通通都来自于圣贤教育，没人教不行，都让魔鬼来教了，都让邪魔外道来教了，挣钱就行，明年给妈妈买个大别墅，你净教这个，你还指望他有骨气？挣不来他就会走歪门邪道，他就想别的辙去了，就犯罪去了。

班主任：另外，老师，我们在这一次的考试中也发现，大同学比中同学要差一些，为什么呢？大同学他对得失的这种看重要比中同学重很多。比如他们这些大同学，拿到文章压力就很大，他可能就害怕十遍之后会背不下来，会不会丢人，会不会比人差，净想这些没有用的。

陈老师：杂念，私心。

班主任：对，杂念，直接会影响他读十遍之后的效果。

陈老师：对。

班主任：这位女同学身上就有这方面的问题。

陈老师：所以说女孩子还有一点特别要提醒，什么呢？自己的虚荣心。女孩子比男生这方面要严重，好面子，我可不能考砸了，让她把这些都放下，不要在这个上面比高低，要在德行上比，放下了，你的德行就好了，这个很重要。

班主任：我们也发现，虽然在前十遍读完之后背下来的比较少，但一个小时之后她背得很快，她甚至是所有同学中要靠前完成的，而且完成得很好，她把那些得失心放下来了，大家都是一遍一遍这样背，你就会发现她完成得很快。

陈老师：在古代，把学生们的情况摸清了之后就可以教学了，教的时候怎么教呢？私塾是一个一个教，第二天来上课，你要先把昨天背的书先温一遍，背完之后再给你新的功课。这一次我们录特别节目，把好同学录了录，把大学生也录了录，把有问题的，包括这些女学生的问题，也都给大家讲出来了，这只是其中的一小部分，我们要说的还很多，以后有机会我们关于教学、关于求学方面的很多事情都在系列节目里跟大家交流，我们总是希望天下的学子都能成就，天下的父母都能如愿，天下的老师都能够桃李满天下，我们中华民族人才辈出。所以我们今天做这么一个示范，让大家来观察、来了解、来参考，自己家里也可以教，学校里也可以教，都是古法，我们希望代代相传，天下人都来传习，习是要自己做到，传是大家来传递，谢谢大家。

同学们：感恩老师。

第十一讲　花言巧语之害

孩子不能巧言令色

班主任：老师，我们接触过很多学习传统文化的孩子，很多孩子有一个共同的特点，能说会道，嘴巴很巧，而且讲很多大道理，有的比大人讲得都明白、都清楚，但是真正当孩子干活的时候或者做事情的时候，就什么都不会做，有很多父母还觉得孩子这样很好，还经常夸赞他们，以他们为荣，这种现象有没有什么问题？

陈老师：这种问题是最大的问题，从古到今，凡是明白的家长都知道这是一切凶灾祸患的开始。头一个叫巧言令色，嘴巴会说话，会讨巧。你看那个笨笨的、不会巧言的孩子天生比较聪明，可惜走错了路，认为说话讨巧是一个特长，是个优点，所以他就专门发展，家长也鼓励他，大人都说不过他，那么孩子能力又特别强，可不可以呢？也不行，不管有能力没能力，嘴巴巧都不是好事。令色是什么呢？令色就是他可以控制自己的表情，你看他很小，他知道用颜色来讨好你，来取悦别人，他可以用这种方法得到他想要的东西，他能驾驭自己的神色表情。夫子认为巧言令色的人"鲜矣仁"，很少心里边还有仁厚的，人心要是没有仁厚了，他离凶灾祸患就很近了。古往今来，老师和家长都明白，要格外地警觉孩子能说会道，为什么呢？《论语》里边讲"讷于言而敏于行"，你看他说话好像笨笨的，他有拙朴的一面，好像是笨，给自己招灾惹祸的机会就少。如果孩子好像巧嘴八哥，能说会道，他招灾惹祸的机会就远远大于别的孩子，不但内心不仁厚，还给自己招灾，所以说我们一定要知道到底什么是孩子的优点。我们要格外警觉这些能说会道、口才很好、辩才很好的孩子，我们从事私塾教育、传统文化教育这些年来，对这件事情特别地警惕，我们见了很多男生女生，在我们看起来这都是毛病，能不能让有这种毛病的学生在学校学下去，都要打个问号，前提条件是什么呢？先得改变，你不改、不往下教，那怎么办呢？你看有的是挂止语牌，有的是说废话说闲话就自己掌嘴，那个会说巧话的更要掌嘴。所以古来的大德、圣贤在他们的家训里边都有非常详细的规定，他们往往都是一代一代验证夫子所讲的"巧言令色鲜矣仁"，凡是有这种特点的孩子，人生都不大好，那你说孩子能说也挺好，那是表面现象，那是暂时现象。古人讲，百分之八十以上的灾祸都是因为说话造成的，祸从口出，所以这是一个很严重的问题，而今天的家长对传统文化完全不了解，学传统文化到底为什么？是不是背背古文，琴棋书画表演表演，附庸风雅？不是，为什么要学传统文化？四个字：趋吉避凶。让你的人生、孩子的人生趋向于吉祥幸福，避免凶灾祸患，你想不想要？凡是人都需要，四个字——趋吉避凶，学传统文化是为这个。如果传统文化学校老师对此不了解，都不是内行，那你趁早不要教，不要办学校，你非把孩子耽误不可，你还在那儿夸孩子呢，可你把他害了，以后有时间我们会详细地给大家讲，说实在话这都不是好兆头。我们看到，从两三岁开始，家里人就夸"真会说话、真会讨巧人"，还奖励呢，爷爷奶奶还紧着给他好吃的，那个孩子从小他就都学会了。我打个比方，咱们是一个单位，说咱们现在要干活，就这个人耍嘴皮子，最后大家吭哧吭哧干活，他躲了，你第一次蒙大家，第二次领导就看在眼里了，同事都看在眼里了，没有不讨厌他的，没有不烦他的，他自以为得意，你看我说几句话就能不受累，你哪里知道遇到真正有福报的事情，人家不会选择你，人家看看你不说话，知道这样的人不能靠近，耍嘴皮子出身，所以讷于言，好！敏于行，好！古往今来哪一位有成就的人是靠耍嘴皮子过来的？反过来哪一个耍嘴皮子没真本事的有好下场？都是父母教错了，小的时候敢耍嘴皮子一个巴掌扇过去："你再试试！"

班主任：现在的父母是不觉得这样不好，反而还觉得这太好了，孩子真会说话。

陈老师：所以我们这样的节目他们要多看，现在电视台都教这个，你看那些广告不都是花言巧语。

班主任：是。

陈老师：释迦牟尼佛告诉我们，人世间有十种过恶，嘴就占了四种，头一个妄语，说话骗人，这人没实话，这人你能靠近吗？从小就这毛病——撒谎，这是小事吗？那就不要听圣贤的了，不要听代代相传。谁不愿意把子孙后代教好了别有灾难？都是把书上写的、自己看到的、亲身经历的惨痛的经历告诉给后代，就怕你惹祸，就怕你这人生痛苦，哪家不这样？所以很多大的家族都有自己的家规，说什么都是假的，爱自己的孩子总是真的吧，是不是？所以说他都把最好的放在里边，你把这些家训摆在面前，从最古老的文王教子开始，一直传到清，几千年来你摆在面前，你能不受震动，你能不受教育吗？它为什么一样？那是规律，它不是规律它怎么能一样呢？一个朝代十年一换、一百年一换，你们总说过时了。只有我们现在人敢说"过时了"，我们现在为什么敢说了呢？因为把传统文化统统打倒了，不相信了，所以他就敢说这过时了，五千年、一万年，中国人不敢说，现在我们敢说了，你敢说了可以，家家受罪。

班主任：三岁孩子父母教不了。

陈老师：现在中国、外国都面临一个问题，异口同声孩子不好管，老师说孩子没法教，这不是摆在面前的问题，那请问怎么用西方的方法呢？你有什么好办法？束手无策，所以说这些家训摆在面前，你敢不学吗？你想让孩子有成就，你能不学吗？人家出圣人、出贤人、出伟人，都是靠教出来的。家庭教育是头一位的，怎么教？我看很多家长听我们这课，最多听两堂，由衷说句话，他们是真不会教，这是实话，他听明白了。哎呀是这么回事，是真不会教，你说他不爱自己的孩子吗？

花言巧语之害

班主任：我们之前接触过很多家长，都是把孩子送过来说："我们确实是无能为力教不了。"学校教育建立在家庭教育的基础上，我们发现孩子缺乏很多常识性的东西，所以我们就得把孩子再交还给父母请他带回去，很多家长尤其是妈妈都问一句话："老师，孩子我们带回去怎么教？"

陈老师：所以你看我们看《周易》，《周易》里面有一个卦叫"家人卦"，意思是："女正位乎内，男正位乎外"。内就是家，女子在家里都干什么？你天天看电视，天天都在那儿消遣打麻将，这叫什么呢？不安守本分，那你说女子当了妈妈了是不是，那都干什么，她天职本分是什么，什么叫天职？老天给你的职务、工作叫天职。头一个教子，相夫教子，现在你去问问哪个妈妈会教。你现在把那孩子退回去，妈妈还算是学佛学传统文化有点明理；你再到马路上去问，百分之九十九的家长会说："我孩子挺好，哪有你说的这些毛病？"你看，你都说不过他，你看对不对？

班主任：老师，我们曾经见过一个五岁的孩子，孩子从两岁开始学习传统文化，孩子有一个特点——能说会道，这孩子说话的时候特别溜，他会顺着老师的话往下说，很会讨巧，不过他有一个特点，他不喜欢吃面条。

陈老师：挑食。

班主任：对，挑食，不喜欢吃面条，学长对他说："你吃面条！"他一看是面条就跟学长讲："学长，我刚才忘了跟你讲了，我今天其实不饿，我今天不吃了，我不想吃。"还有一次，他跟学长讲："学长，面条现在太热了，我先吃馒头。"吃了两个馒头之后，他又跟学长讲："学长，我吃馒头吃得太饱了，我今天就不吃面条了，我吃不下去了。"

陈老师：就是典型的机巧型，心里边机关算尽，他自己还觉得挺巧妙。

你看老子的《道德经》里边就讲，这些东西全是给人带来灾祸的。要"大巧若拙"，看上去好像笨笨的，讷于言，不大会讲话。古话常讲"贵人语话迟"，什么叫贵人语话迟？人说话慢，人家问他什么话他总是很舒缓地告诉，从小就这样，不是张嘴就来，他的命就贵，命确实就好。从这上面就能看出来，张嘴就来，巧舌如簧，命不贵！"贵人语话迟"，所以人为什么要学《弟子规》？不要看不起它，《弟子规》里讲"凡道字，重且舒"，重是什么意思？不是说每一个字发音很重，不是这个意思，那它是什么意思？很沉重，好像说着费劲，舒是慢；重呢，深沉，持重。所以说从小就教给孩子，贱命也变成贵命了。《弟子规》说：宽转弯、勿急疾、勿模糊、缓揭帘，都是教人慢、重。曾国藩，鼎鼎大名，毛主席、蒋介石这些人，最佩服他，"独服曾文正公"。曾国藩是怎么教育孩子的呢？走路、说话一定要怎么样呢？一定要重，稳重，持重；还一个是威，要有威仪、要有样子，站有站相，坐有坐相，他知道人心端正，他自然就有威仪，心有机巧的人他不可能重，他会看上去轻薄，折福折寿！你说言语有多重要。

班主任：老师，如果这种机巧是用来骗人、用来赚钱，那会更可怕吧？因为现在社会上有一种现象，好像是叫营销，就是这一支笔，它明明只值五块钱，但是他会通过各种手段、各种方法，最后把它卖出一百块钱。

陈老师：他们叫营销术、话术。就是鼓励大家骗人，鼓励大家去坑人，现在把它美其名曰叫营销术。如果说骗人、坑人，一块钱的东西你就能卖到一百块钱就成了本事的话，你们想一想，父母做这个行业，孩子能学好吗？做这个行业的人平时说话不也是这样吗？没有下班哪，他回了家之后还是那么机巧，他就把机巧的心传给下一代了，孩子是断断教不好的。

失教后的社会乱象

班主任： 老师，我曾经看到过一个四岁的小女孩，她就模仿一些笑星讲话，很滑稽、引人发笑，他们把这种引人发笑叫出彩。四岁的小姑娘就开始学这些。

陈老师： 对！我听说今年的春晚有个节目，有一个小孩子，在那儿转，好像是不头晕是不是？有这么一个节目，他们别人问到我，说你怎么看？我说，孔老夫子曾经讲过一句话叫"子不语"，就是他不说，不说什么呢？四样东西：怪、力、乱、神。头一个就是怪，反常的，嘴上不说，你说这人倒着走路，看看不说，不传播，大家一定要知道那里边有很深的道理，世世代代，千家万户，无论是朝廷还是民间都经过检测，你违反你试试，为什么孔老夫子不说？我们现在不但说，还要把它张扬到全世界，让全世界都来看，这就是怪。你看现在暴力、色情这些东西，都成了产业了，它藏在产业里，要不然你怎么赚钱呢？这就是产业里的行规，是不是？为什么这些东西不能讲？它会让人们脑子乱、行为乱，让一切都混乱，什么原因呢？"子不语怪力乱神"，不要说它，说这干什么呢？那大家学了行不行？那好，你说她在这儿转，能当饭吃吗？能增长人的德行、学问、能力吗，哪一样能增长？那你说现在为什么都把这么多中国的、外国的东西放到媒体上，你知道为什么吗？说白了就是这句话，刺激你的收视。做新闻的都知道，这是西方人讲的，西方价值观太害人了，狗咬人不是新闻，没人愿意看，西方这些媒体都是大财主支持的，不赚钱他就不办，商人的目的就是赚钱，所以中国自古以来抑制商人有道理，这个东西不好在哪里？把人的欲望心都刺激起来了，你不看不行吗？所以正常的都没人讲了，奇奇怪怪的都上来了，所以说我们看到这么多的这些表演都是因，果是什么呢？让世界毁灭的有两类人，其中一类就是媒体的从业人员，你总播这些是何用意？居心何在？是不是猎奇？好看是好看，代价是社会乱了，我们不能只图一时痛快，看到哪好玩鼓掌，违背了圣人圣贤的教导就会有灾祸，更有甚者，我听说做一些奇怪的事情，还能让他赚钱，还能让他出名，名利双收，天下的孩子还能学好吗？你家的孩子还能教得好吗？所以很多的晚会你不要看，他看了之后深深地印在他的脑子里，你要花多长的时间才能让孩子恢复正常？就像一张纸溅上个墨点，你要想让它恢复成一张白纸，你何必惹麻烦呢？所以为什么很多年我们都不再看电视了。我记得好像前一个时期有一个广告，现在很多广告也都是不正常的，我看媒体曝出来一个广告，妈妈跟孩子说："看妈妈是不是很漂亮，是不是想娶妈妈呀？"人为什么都这么说话了呢？因为正常的赚不到收视率、赚不到钱，一切都是唯利是图，再好的人也给教坏了。如果你的孩子在那儿天天看这些娱乐节目，就你们讲的，耍嘴皮子耍贫嘴就能当明星赚大钱，谁还愿意十年寒窗苦当好人哪？这不是大实话，还用看这些经典吗？

班主任：前几天有一个新闻，老师，现在的九零后、零零后都在追明星，有的明星就是腿很长，长得很好看，在网上受大家追捧，其中有一个女孩子，天天跟她的男朋友讲哪个男明星长得好看、哪个男明星长得好看，之后她的男朋友受不了了，到一个整容机构，把自己的脸整成明星的样子了，这种现象很多。

陈老师：对！整容都有个有效期，跟任何商品一样，一定时间内有效，有效期到了的时候，脸毁容的时候，他的女朋友或者他的太太就会抛弃他，这是你想要的吗？所以现在的人糊涂到家了，把整容当成正常的事物，在媒体上大肆宣传，孩子们就会跟着学。你去看他像谁，他是像个圣人还是像个小人？圣人、贤人、君子，古来都有标准，从来没变过，那是自然规律，小人也有标准，不知道标准是什么，满街都是小人。一看古书都知道了，原来是没有受教育的原因，今天海内海外社会这么混乱，乱的原因是什么呢？丧失教育，怎么能恢复治世，人都恢复正常呢？恢复圣贤教育，就这么简单。

第十二讲　想做宠物的孩子

孩子要给长辈磕头

班主任：老师，我们上次请教过您一个关于叉手礼的问题，后来我们查了一些资料，上面就讲到说这种叉手礼，它是古代的士，也就是知识分子的相见之礼，那么这种礼节用在老师和学生之间或者说晚辈对长辈之间肯定是不合适的。

陈老师：肯定不合适。因为不是一个辈分，不是平辈的，学生见到老师、子女见到家长应该磕头，磕头怎么样呢？增福增寿，你说我不好意思，业障重，这不是好现象，所以你看到很多孩子对长辈行大礼！善根深厚，边上笑话的人看不懂，而且他还造业，或露齿笑或背面非，你耻笑这些恭敬老师、恭敬父母、有德行的人，你自己在造罪，为什么？你一耻笑，大家都不好意思做了，都不孝敬父母、都不尊敬老师了，破坏孝敬罪很重，所以即使不理解，不理解你也不能耻笑。

班主任：老师，现在还有很多家长看到孩子给自己磕头就心疼，他就不让孩子跪拜，这样的话时间久了会不会减损孩子的这种恭敬心？

陈老师：我们听说过有的家长，爷爷奶奶，跟孙子们讲不要磕头，给死人才磕头。

班主任：是。

陈老师：这是误会。传统文化已经断了一百多年了，大家对这个东西不了解，也不懂了，不兴这个了，不兴这个了那怎么样呢？"父不父，子不子"，父母不像父母，子女不像子女，礼节做出来之后子女对父母的恭敬心就生起来了，刚磕完头你敢给父母脸色看？他不敢！他天天磕头他就更不敢；你敢跟父母大声说话吵架？不敢！这叫什么呢？用这种礼对行礼的人进行教育叫礼教。我们那个年代的人都遇到过，批判封建礼教，把它批判打倒了，大家都叫同志了，跟爸爸叫老王同志，这是原来那个年代，现在呢？现在叫老板，跟自己爸爸叫老板，爸爸跟儿子叫老板，俩老板，钱说了算，人伦说了不算，也不懂人伦了，最后呢，就哥俩好，父子俩兄弟相称。

隔代教育宠傻孩子

班主任：所以说现在我们看到很多孩子就管不了了，我们还见到三岁的孩子就管不了的。前两天我们接触到一个三岁的孩子，单亲妈妈带着孩子从很远的地方过来，孩子刚刚三岁，见到我们之后就躲着，拿手遮着眼睛，要么拿枕头挡着脸，不看我们，自己在那儿玩玩具，趴在床上玩，也不跟老师讲话，怎么问都不回答，如果不给他玩具，他就哭就闹，后来我们了解是家里老人惯着孩子，孩子是由老人带大的。

陈老师：老人带大的。

班主任：对。

陈老师：一看就知道。

班主任：嗯，是！

陈老师：现在都教孩子什么？傻吃傻玩，眼里只有玩具。中国古人从小教给孩子什么呢？洒扫，然后应对。应对什么呢？跟周围的人你该怎么对待，什么辈分什么长辈，这叫人伦的教育，否则长大了成大傻小子，什么都不会，让人笑话。有个名牌大学毕业的，现在没人要，说这孩子像个少爷，我们得伺候他，对不起，绝对不能要。找不着对象，为什么呢？谁家愿意拿这么一个大傻小子来当少爷，伺候他？什么都不会，什么眼力见都没有，什么都不知道，从小没人教，就你说的这些孩子可怜哪！关键是大人并不觉得。

班主任：嗯，是！大人在旁边还跟他商量这样好不好，行不行。没有严厉地管教。

陈老师：你们要提醒这些家长，照这样下去的话，这孩子就毁掉了，三岁看八十。一生的基础都在这一千天，你现在看着他挺活泼挺好玩，长大了就不好玩了，目无他人在社会上寸步难行。

想做宠物的孩子

班主任：我们这儿有个九岁的小男孩，是刚刚入学过来的，他以前在传统文化学校已经学了一年多了，有学长问他："你以后有什么志向，有什么理想？"他说："我的理想是，第一没人管我；第二呢，我想吃什么吃什么，每天吃好吃的，吃完我就睡觉，睡完觉我就玩，我认为这是最幸福的生活。"

陈老师：几岁了？

班主任：九岁，小男孩，五官非常端正，非常可爱，一看也有福报，但是他的理想居然是这样的。

陈老师：理想是学佛的人一眼就看得出来的，这是什么理想？你看看在畜生道里猪的样子，要告诉给他的父母，这样教出来的孩子去世之后会到畜生道，为什么？他的理想跟那些是一样的，你看那些小猪们，吃饱了喝足了就睡，睡醒了就玩，然后再吃没人管，跟畜生道的理想是一样的，来生不会得人身哪，这是实话。人间也分六道，人中的天人，大善人，小的时候善根就深厚，看到那些动物受伤害他流眼泪，慈悲心重，慈悲喜舍；小的时候爱发脾气，人中罗刹；贪心很重，人中鬼；喜欢怨恨、报复别人，怨恨心极重，爱发脾气，人中地狱。像你刚才说的，人中畜生，话说起来不好听，但是做老师的不能不把这个情况告诉给家长，否则我们对不起人家，只不过不要说得这么难听，看看他能不能接受。你说孩子的理想是当一头猪，那父母觉得挺好玩，不好玩，畜生道，人的理想要是到了禽兽地步，那来世我们就知道他去哪里，一切法由心生，天天所想、所说、所做的都是愚痴，感得的果报那就是畜生道。因为种的种子都是愚痴的种子，就知道吃喝玩乐，这都是畜生道的种子，非常不好，寿命减损，而且去世之后不是好地方。

班主任：老师，往往这样的孩子是没有志向的，毛病还很多，要求也很多。比如穿衣服得穿自己喜欢的，要干净的，还有点洁癖，睡觉要睡到自然醒，如果要叫他起床他就不高兴。对于吃的非常挑剔，觉得这儿吃的不好，干活嫌脏。

陈老师：你说的这些都是贪心，睡、贪吃、贪玩，都是贪心，佛经上写得明白，贪心种这些种子，将来是鬼道，没去世已经是人中鬼了，贪心很重，小时候挺可爱，长大了模样就变了，我们见太多了，小时候胖墩墩的，十几岁样子就变了，长得什么样子？像犯人。我曾经跟他们讲过，我说你看这孩子将来有牢狱之灾，已经现了犯人的相了。我去监狱里采访很多，都有贪心；得不到就嗔心，怨恨这个、讨厌这个、骂这个。

班主任：得不到就偷。

陈老师：对，嗔心就是地狱道的种子，这难道是好种子吗？贪嗔痴，不是说不相信不懂就没有恶报，如果不相信能解决问题，我们就不要学这些东西了，那真是愚痴，不相信照样有，所以今天的年轻人为什么受苦？这种伦常道德的教育没有了。我们那个年代没见过这样的孩子，所以那一代人长大了是民族和国家的脊梁。现在这些几岁的孩子，传统文化学校不能收了是不是？

班主任：是！我们没办法，带不了。

陈老师：至少得两个老师看着吧？

班主任：是。

陈老师：没办法，那妈妈流眼泪是不是？

班主任：对。妈妈很难过，觉得错失这么好的机会，另外她也很着急，不知道该怎么教孩子。

陈老师：你们今天把话说出来了，观众有福报了，这是帮着他们家修福报，什么意思呢？那些观众们只要家里长辈还在溺爱孩子，父母还在惯着孩子的，传统文化学校都不敢收，那外边学校敢收，你给钱他就让进去，人教得怎么样那不管，反正毕业证也比较容易拿到，有没有真才实学，就不得而知了。传统文化学校为什么不敢收？他害怕把孩子教不好，没那么多老师看着，更怕负不起这个责任。

孩子从小要立志

班主任：老师，我们要从什么时候开始来引导小孩子立志？我们接触过一些孩子，问他将来以后有什么理想，有什么志向，孩子就笑一笑，回头看父母，父母就说他这么小哪懂这些，哪有什么理想和志向。

陈老师：对，那就没有理想和志向。为什么呢？三岁看八十。我听说有个孩子姓郑，叫什么呢？叫郑大钱，谁起的呢？父母起的，这就是他的志向，所以孩子的志向从哪里来？大人教的，他为什么回头看爸爸妈妈？

他怎么不去看隔壁邻居、不看你、不看老师？父母最亲，听父母的，父母就告诉他这么小哪有什么志向，你不用说太多，你说一遍他就记住。所谓"少壮不努力"，他为什么不努力？他无志，"老大徒伤悲"就来了。家长不教，所以孩子的志向看家长，家长没有志向，你将来看着人家的孩子好，盼望有那样的善果，做梦吧，不可能。

私塾该不该收费

班主任：老师，我们继续向您请教，我们收到观众的来信，他们在当地办了一个传统文化的私塾，有二十多个学生，因为没有人来发心来护持，他们就象征性地收一些学费，这些费用主要用于房租，还有一些生活的开支，还有老师的工资。负责人跟我们讲，老师的工资大概是一个月500元到2000元左右，但是他们看了我们的节目之后就很害怕，不知道这样做如不如法，他们也怕好心做错事，反而有因果责任。

陈老师：我觉得像这些想法都是好想法，为什么呢？有敬畏心，他常常想着因果报应，这想法太好啦，怕就怕什么呢？没这概念，我听说有的学校，每个学生收费很高，让想学传统文化的这些孩子没有机会了。

班主任：我们见过一个单亲妈妈就跟我们哭，很难过，她说她找不到别的学校啦，她说她们当地传统文化的学校，一个月最少是4000元，最多是6000元，她根本就供不起，很痛苦。

陈老师：如果说用传统文化的名义来赚钱、来牟利，确实要承担因果责任，为什么呢？让周围的人看看，传统文化原来这么能赚钱，原来这些人他们是为了赚钱才这么做的，第一个受害的就是学生，他交了这么多钱来了，爸爸妈妈告诉他，咱们家可是省吃俭用，把你送到这儿来的，花了这么多钱，你要是不能够有点成就的话……孩子一听，他受到教育还要家长省吃俭用。这么一大笔钱，你说孩子什么印象？真的需要那么多钱吗？如果这里边能赚那么多钱，那好了，他将来第一个想到的就是他也靠这个赚钱，传统文化就断灭了，那为什么呢？因为传统文化儒释道里边所教的是重义而轻利，不让你把钱看重了，而你所做的是正好相反的。你首先把学生给污染了，然后再把周围的人信心断掉了，你说这个罪多重，以任何名义都不可以，为什么呢？违背了教义。你刚才提到，你说没有人帮学校，他要想办这么一桩善事，可不可以适当地收一些学费呢？我们的体会，合情是头一位，人之常情，要通情达理。既然家长交费了，就不要责怪学校，要通人情，学校也要找老师，他也要生存，是不是？你说这一碗粥少不少，哪儿来的？也得他花钱买。第一要合情；第二要合理，理是什么呢？经教义理，你到底是重利还是重义，道义重还是钱财重，要合理。第三要合法，不违法，这就可以。要合情、合理、合法，至于说具体怎么操作，大家可以按照总的原则来做，我们相信只要你是真诚心，合情的、合理的、合法的，自然就没有那些疑问了，我们相信有更多的传统文化学校不攀缘。你到处化缘，给我们点钱吧，不弄那个，没有这个缘分。你说也合情合理合法了，大家不愿意交这钱那就关门，不要攀缘。怎么尊师重道？"只闻来学，未闻往教"，你去敲门，来跟我学吧，人家看不起你，人家不尊重你，在这种情况下，你教他白教了。"只闻来学"，只听说过来求学的，没有听说老师去教你，并不是老师摆架子，而是他不想学，你去教他这不是白搭吗？那都是浪费时间。所以达摩祖师到嵩山，九年面壁，没有传人就等着，他老人家就这么冲着墙壁坐着，一坐坐一天，坐了九年，没有传人，老人家没有出去找，所以佛家的、儒家的、道家的是师道，更是教育，它不是别的。

第十三讲　叛逆的根源

父母不能和孩子商量

班主任：老师今天我们这边又被家长接走一个孩子，是个小姑娘，今年已经十四岁了，她是从山东那边过来的，死活不在这边学习。第一，她觉得这个地方太苦了，她不喜欢读书，也不想做老师。第二，这边要求很严，她觉得不如在家里舒服，在家里可以自由自在地想做什么就做什么；第三，在这边不能经常见到妈妈，她觉得家里氛围好，天天跟父母在一起，一个大家族有兄弟姐妹，其乐融融，觉得家里环境好，在学校里不好，她很难跟其他同学融入到一起，每天哭着想家，觉得自己志不在此，后来我们就把她父母请过来了。

陈老师：她父母是什么意愿呢？

班主任：她父母很希望孩子在传统文化学校学习，将来有学问、有德行，这是她父母对她的期望。但孩子自己没什么兴趣，也不喜欢读书，就想将来相夫教子，那我们说，那你想学点什么？只要跟读书没关系就可以，哪怕学个手工，女工方面的，在家里做做就可以。

陈老师：她有什么爱好？

班主任：她说回家要去学画画，写毛笔字，这是她的想法。

陈老师：那么这种情况下她父母什么态度？

班主任：她父母就只能随着她了，这妈妈后来跟我们讲，她说她劝了女儿七天，做她思想工作，做不通，不想在这儿。最后妈妈也没办法，就随着她了，要不然总哭哭啼啼的对身体也不好。

陈老师：最后呢？领回去了，领回家里去了？

班主任：走了，今天早上就带走了，家里派专车来接的。

陈老师：这种情况，我想不是个别的，很普遍，光我听到看到的就太多了，家长开口讲第一句话，我要征求征求孩子的意见，你们当班主任也常听。

班主任：是。

陈老师：或者父母很高兴，孩子也愿意。

班主任：三岁的孩子，对，父母就讲孩子愿意来。

陈老师：对，所以我就问家长，现在你孩子愿意，第二天他又不愿意了，你怎么办呢？他父母愣在那里，说明什么呢？父母这种想法完全错误，错在哪里了呢？糊涂到家了，此话怎讲？他多大？三岁、五岁、八岁，咱们不要说八岁，十八岁他懂什么，大人怎么能听他的呢？西方价值观对现在人的影响太大了，他们讲什么，一定要从小尊重孩子，他有他的人权，他有他的自尊，你给他人权，你给他自尊，最后孩子毁了，怎么毁的？他根本就没有辨别是非的能力，他懂什么？你可能会反对，我们家孩子什么都懂。他懂得是不是以丑为美、以恶为善、以非为是？大人还能听他的？大人也糊涂，也不知道这事该怎么办，长辈和晚辈都糊涂了，那可不就得听晚辈的。首先，你说孩子是对的，他明明说得，我们要不要听他的？那也不行，为什么？这是人伦，现在人不识人伦，所以他这话就听不懂，怎么孩子对了也不能听他的？不能有这规矩，听他的？那下回错的也得听他的，为什么呢，成了规矩了，那应该怎么讲呢？"父母教，须敬听"，《弟子规》头一句话，这叫人伦，这叫道德，不能破坏了，你看街上的孩子为什么敢揪着妈妈头发，掐着妈妈喉咙要东西，他哪来这么大胆子？从小听他的。什么事情都不能听他的。那你说我们大人要是万一说错了、教错了呢，那就得好好学，不能说我们怕说错了，就得听他的，天下没这个道理，因为大家现在完全不识道德，不知道人伦，所以就听西方的了，就好像不知道怎么走路一样，有人过来领你走你就跟着走了，你真的需要他带吗？你知道什么是幸福，什么是做人，你都非常清楚，所以像这样的家长，我们见的太多了，处处要听孩子的，看孩子脸色。看孩子脸色将来的下场是，将来他打你骂你你要受着，你得看他脸色，你生闷气，全家人痛苦无比，谁教的？从小乱伦，没把人伦教给他，"儿子教，须敬听，女儿责，须顺承"，是不是？"孙子呼，应勿缓，孙子命，行勿懒，"家家如是，把人伦都颠倒了，把这还当成好玩的，爷爷来啦，要月亮吗，刚给完星星，还挺好玩呢。从小让他感觉到我是这家的老大，我是这家的皇帝、祖宗，就这么教，大人伺候他，长辈孝敬他，他能不出问题吗？话又说回来，人生的道路多不容易，我们四十多岁，算是过来人哪，多不容易，听他的？听三岁的、听八岁的，什么道理？出门往左往右他都不知道，一脚踩沟里，他都不知道怎么掉进去的，他想不上学就不上学，将来这些孩子还会恨家长，他还会怨恨，当初你为什么不教我，那会儿父母只有哭的份。

班主任： 妈妈现在就哭了，不用到时候，每天一来到学校就开始先哭，不知道该怎么办。

陈老师： 现在不知道该怎么办，将来更不知道，十四岁就这样，什么原因呢？他生下来不这样，你看生下来的小婴儿都一样，为什么后来差别那么大，家长差别大。像孟母，这些古圣先贤的妈妈，那都是了不起的女子，把孩子都教成圣贤了，现在人有几个懂的？都是糊涂妈糊涂爸，然后孩子都跟着糊涂，所以你想想，她刚十四，她就说不上学，就回家了，来个专车就给接回去了。

班主任： 她的妈妈跟爸爸是很溺爱孩子的。

陈老师： 但是他们不承认吧？

班主任： 不承认。

陈老师： 没感觉，我没溺爱，都这样，我见到的跟你们见到的一样。

班主任： 而且妈妈一种说法，爸爸一种说法，这十四岁女孩子就说她不想学习，想回家，她爸爸说那就回家吧，你想结婚，过个四五年你就结婚吧，就这样的。

如何不把孩子教成小祖宗

陈老师：女孩子的理想是什么？

班主任：相夫教子。

陈老师：从汉朝有记载，到之前我们都能看到，周朝的三太，胎教里边大家可以看《逸周书》，可以看《大戴礼记》，那里边专门有胎教，那是周朝的，距离现在三四千年前了，从那个时候就教育女孩子怎么当妈妈，怎么当良母，怎么当贤妻，他能不受教育吗？杨振宁老先生讲，他之所以现在取得这么大成就，主要来自于他妈妈，小时候学的几千个字，都是他妈妈教的，那是人生的基础，非常遗憾后来他学了物理学。如果他真的要是学儒家的这些，那是伟大的教育家，换句话说，现在他功成名就是一个人的，如果按照圣贤的教导，他学孔子，那教育出多少圣贤，民族和国家那就更了不起了，所以当老师伟大，当教育家太伟大了。

女孩子十四岁就不上学了，不学传统文化了，她不知道怎么当太太，她能相得了夫吗？她能教得了子吗？她连起码的道理都不懂，不明理，相从何来，教从何去？所以她妈妈不应该由着她，那你要问怎么办呢？严加管教，从很小的时候，比如说，这儿放个苹果，孩子要吃，妈妈爸爸就跟他说，不能再吃了，因为今天你已经吃了一个了，再吃就贪心了，人要贪婪将来就会做坏事，你别看他小小的一两岁，还要伸手拿苹果，不听话，那父母就这样，那孩子咧开嘴就要哭，这个时候爷爷奶奶要配合，应该怎么样，回避，一看爸爸妈妈那儿教育孙子呢，回避，为什么呢？那小孙子看见爷爷奶奶，只要是爷爷奶奶那边一给支持，马上哇就哭出来了，肯定是这样。爷爷奶奶"哼，不听话"，走了，这回他就没退路了，所以教一个孩子全家人配合。孩子就在这听着，告诉你不听话，从明天起，苹果不许吃了，这回你也甭吃了，他不吃那一个苹果没事。现在爷爷奶奶想你敢这样对我孙子，抱过来，先给他妈妈爸爸一巴掌，苹果买一筐，吃，天天吃，奶奶这儿有的是。几十年来家家如是，我们见太多了，所以都教成小祖宗，都教成小畜生，都是逆子，父母说法都不一致，那你说孩子听谁的？肯定哪个舒服听哪个的，能躺着我绝不站着，你就知道教一个孩子，如果家里有一个外行就不好办，所以见和同解很重要，先统一思想，先说怎么教，再说怎么生，你别回头生出来之后那孩子在那儿等着，咱们在这儿开会那来不及了。中国古人代代相传，怎么当妈妈，怎么当爷爷奶奶，代代有人教，你看那古书里都有。家训是中华传统文化的宝典，家家户户都有家训，家有家规，家家不一样，所以说，这孩子你要这么教，那有的专家理解不了，他说你这样不把他孩子吓坏了，你现在不吓坏了得精神病了。我还是那个话，历朝历代都有家法，有那打手板子，有那打屁股的板子，请家法来，把人都教好了，代代没毛病，你什么时候听说，你看历史书，宋朝有精神病院？明朝开封有精神病院？你再看现在，哪儿来那么多疯子精神病，都出那么多问题，什么原因？现在都讲平等，都惯着，惯着是违背人性的，溺爱是违背人性的，他心里扭曲了，所以有的家长，甚至有的专家都讲，你这么教，会不会使孩子心理扭曲了？你教给他正的，他心里一点阴影都没有，反过来你溺爱他，你惯着他、宠着他，你去看那孩子，都有阴影，都扭曲，都变态，自杀的很多，这就是证明，真正按照古法来教，历朝历代，几千年来没那毛病，我就是这么教过来的，我上小学犯毛病了，跪在爸爸面前，我跟你们讲过，我上初中班主任打我手板，我没有心理阴影，我也没成精神病，同学都那么挨打，你敢捣蛋、犯坏你试试，没人管你了，都老实，都健康，我们那个时候真正叫健康活泼也淘气，但正常。你看现在孩子他会淘气吗？你去看那孩子他会淘气吗？淘气的能力都没有了，你就看这孩子不知道哪儿有什么问题，你们见了很多，阴阴郁郁，教育出问题了。

班主任：您刚才讲到对孩子这种严厉管教，实际上是不是持戒？这种严厉的管教不会让孩子去胡思乱想，不会让他破坏规矩，这样的话他会得定，然后会开慧，是这样的吗？

陈老师：说实在话，得定开慧还不太重要，重要的是先把人的规矩学会了，第一个规矩是什么呢？看长辈的脸色，如果倒过来长辈看他脸色，那不说家破人亡，反正也有罪受了。颠倒人伦了，她十四岁就决定她的终身，说不上学就不上学，然后家长还得劝七天。现在这家长要问我怎么办，那我就快劝她了，我没说，刚几岁，你试试，反了你了，他就不敢，事事都得听家长的，那家长听谁？家长都从圣贤书里学来的，家家都教好了，否则的话从小就商量，什么事都得看孩子，你听他的，那你像个当爸当妈的吗？所以什么样的家是好的？"父父子子"，然后家安定了，家政怎么样呢，天下就太平了。《周易》里的话，父亲像个父亲，你这跟孩子商量，父母跟孩子商量，这就不像父母，就父不父、子不子，乱就从这乱起来的。

封闭教学，远离污染

班主任：老师，现在很多家长他们没有学过传统文化，我在跟十四岁的女孩子交流的过程中，她妈妈还很高兴，说孩子之所以不想在学校学习还有一个原因，离父母太远了，不能照顾父母，不能孝敬父母。我就跟她妈妈讲，我说她现在看到你每天泪流满面，每天最期望孩子能够在传统文化学校学习，她连这个都做不到，你让她回家孝顺父母，可能吗？这家长本身就有点糊涂。

陈老师：事情都很正常，说实在话父母舍不得孩子，不能让他到很远的地方去求学，他能找很多的理由，那孩子一拍即合，我们看到很多当妈妈的八零后，实际上她自己还没长大呢，她怎么教孩子？不能怪他们，我们讲这些话绝对不是怪父母，子女绝对不能批评父母。知道父母也可怜，没学过，不知道怎么教你们，才会出现今天的乱象。

班主任：老师，我们真遇到这样的家长，小孩子是个男孩子，资质特别好，我们特别喜欢。这妈妈舍不得孩子，说孩子在传统文化学习无外乎背书，他回家我教他背书不一样吗？所以我很想请教老师，孩子为什么一定要跟父母分开？为什么不能够让父母来教导，要让老师来教导？为什么要在学校学习？不在家里学习？

陈老师：在古代的时候，不要太古老，清末民初还是这样。那个时候父母和子女不分开，他上学天天回家，所以现在有的家长就说，那过去怎么没有这样，现在还必须得在传统文化学校一待就待一年，好长时间不让回来，那过去为什么不这样呢？过去传统文化有，家家户户父父子子，他人会做家长，另外，在过去没有电视和网络，所以孩子回家他受到的、看到的都是人道的教育。现在不行了，在这种情况下，很多传统文化学校迫不得已，你先不要回家，跟父母先暂时不要见，它是有道理的。如果你要说为什么不要让家长自己教，古代也有这个问题，叫"易子而教"。什么叫易子呢？交换孩子。张三的孩子给李四教，李四的孩子给王五，王五的孩子给赵六，大家换着教，或者是送到私塾里去让老师教，为什么呢？人的情执太重了，家长看到孩子越看越欢喜，你们说他不好，我看挺好，你怎么能这么说我孩子呢？现在家长都这样，打他骂他下不了手，怎么看怎么好。所以在这种情况下，古人明白人的情执重，自己的孩子很难教，所以怎么办呢？给他送到一个合适的地方；再有，如果有的时候打孩子打得太重的话，也容易伤了父子之间的感情。在这种情况下，你又得让他成才，又得让他受很好的教育，还得打，还得骂，那怎么办呢？易子而教。老师手上有分寸，不会把孩子打坏了，目的是让他受皮肉之苦生羞耻心，长记性，所以把孩子都教好了。如果在家里那不行，那孩子看着妈妈，心里边根本不在书上。摸摸东看看西，一会儿来个客人，一天就荒废过去了，根本不行。另外，你说电视、网络回避了，周围的孩子也能把他教坏了。

班主任：是。我们这儿前两天刚来了一个三岁的小男孩，我们看这孩子有点小，我们跟家长讲，我说我们可能有点照顾不过来，这妈妈很诚恳地讲："老师，说实话我没办法带回家，我旁边的邻居是开网吧的，他们家的儿子每天拿着大玩具、汽车在那儿玩儿，孩子可能也四五岁的样子，他动不动就打人、就骂人，周围的小朋友都怕他，我的儿子跟他在一起肯定得学坏了，我都不敢把孩子放在家里。"

陈老师：不要等以后，孩子看到了半天、一会儿就学会了。

班主任：是。妈妈就讲，孩子比较乖，自从跟这个孩子有接触，孩子学会说"我不，我不"了。

陈老师：都是边上有人教。孟母三迁，为什么传千古？不是说歌颂孟母，而是教育给天下的妈妈，你们要学她，你的孩子才能教好。学她什么呢？"择邻而居"，现在你能选吗？哪个地方有如理如法的好孩子、好家庭？太难了！学传统文化的人还有点共同语言，你要跟外人说人家还笑话你，你们家不精神病，家家都拿大玩具。我看到过有个孩子，十岁，男生。小的时候家里有钱，真的不会教孩子，爸爸给他买玩具，买一车，结果这孩子现在比谁都傻，比谁毛病都多。小的时候过瘾了，长大那一身的恶习！所以你看古人拿个什么小拨浪鼓，拿个什么小花楞棒，这些东西，小玩具，小皮球，够了。你看看家家户户这些孩子，还没到比吃比穿的时候先比玩具。他一岁两岁就比，他看人家有，他拿个更大的，又去找妈妈要钱，父母在那后面给煽风点火，孩子就在那儿比，虚荣心、贪心都起来了。甭管父母死活，要的你必须得给，要不然他在外边丢脸。

家门如何不出逆子

班主任：老师，有一些父母同样也会担心，您刚才讲到"易子而教"，那父母就会担心，孩子不跟父母在一起，时间长了会不会跟父母没有感情了？

陈老师：感情从哪里来？四个字，哪四个字？"念兹在兹"，你们听听有没有道理？他心里边总想着就有感情，对吧？换句话现在的孩子天天都偎在妈妈身边，天天都不离手，多大都得抱着，他跟你有感情吗？你说我没觉得，长大了你就觉得了，现在他还在这儿找妈妈，长大了他就不找了。我们看到这么多的逆子，家里边孩子都不好管，为什么不觉悟呢？难道这就是我们想要的孝道吗？他就这么孝顺我们吗？跟我们顶嘴？给我们脸色看？所以要想真的得到孝子，第一，要让他成为有孝心的孩子，让他的孝心先启发出来，先教给他。第二，告诉给他父母的恩德。第三，你说我一个月回一次家，半年、一年回一次家，天天在学校里，怎么办？拿着父母的照片，早上起来给父母磕头，晚上给父母问安，要跟父母讲话，爸爸妈妈今天辛苦了，儿不能在父母身边，但是希望父母吃得好、穿得好，将来学有所成，一定会照顾好爸爸妈妈。有作文课，叫"灯下忆双亲"，有的学校开这堂课。晚上了，夜深人静了，不忙了，灯打开了，想念自己的父母。尤其在自己小的时候，这一路长过来父母对自己的恩德写出来，自己想，对自己都是教育。《灯下忆双亲》，写作文哪，一开始可以用白话，后来用古文写；给父母画画，这幅画是这个星期送给爸爸妈妈的礼物；

有的时候学校给奖励，给吃的，学生们舍不得吃，半年之后见到父母给父母吃，这样的孩子你要不要？

班主任：他是真正的心跟父母在一起。

陈老师："念兹在兹"不在形式。天天偎在父母身边要吃要喝，最后长大啃老，这是跟父母有感情吗？重实质不重形式。那形式要是重的话，它有风险，天天跟父母在一起情执不能断，该到求学的时候不能安心学业，周围环境污染，所有这些风险你怎么解决？所以没办法，只能花上几年的时间让孩子离开父母，好好受受人道的教育、孝子的教育。《弟子规》里写"亲所好，力为具"，换句话说，爸爸妈妈需要的、喜爱的你都要给他送到跟前。好了，今天就想吃面条，那种陕西做法爸爸最喜欢吃，你会吗？你会吃。"亲所好，力为具"是空话，他做不到。到学校可以，学校天天教他怎么做饭、洗衣服，怎么伺候家长，半年之后回家给爸爸妈妈端上来一碗陕西面，爸爸最爱吃的。"亲所好，力为具"他能做到。否则天天在你身边，那净是你给他做，情执重，一看孩子在那儿做饭，不行，出来出来，妈妈做爸爸做，永远都教不好。

班主任：老师，我们现在发现确实是。来自山东的，她这样，妈妈一手带大的，所以她跟妈妈的感情非常浓厚。

陈老师：我告诉你这种感情不好，为什么呢？你想一想，她十四岁了是不是什么都不会干？

班主任：是。

陈老师：一直是妈妈伺候大的吧？

班主任：对。

陈老师：不好在哪里呢？我问你，妈妈如果生重病了住院了，她能伺候妈妈吗？她连顿饭她都不会做，一直是她妈妈伺候她，你说那个时候妈妈难过，她看着妈妈生病一点不能尽孝。妈妈出差了她怎么活？不能自立。如果这样的女孩子长大了，她要嫁人了，三天两头流眼泪想妈妈，这种溺爱把你的闺女害了。所以当妈妈可不是一般人哪，自古以来我们中国那么多君子、贤人、圣人，无不与妈妈的教育有很大的关系。

班主任：老师，我们发现有些小孩子三五岁送到传统文化学校来学习，那妈妈就觉得孩子可能会想她，可能会离不开她，后来我们发现不是孩子离不开父母，是父母离不开孩子。孩子有个半天、一天就适应了，但是妈妈在外面住着就牵肠挂肚想自己的孩子。

陈老师：她为什么会这样？不能够深明大义。什么原因呢？传统文化断了三代、四代了。你去问爷爷奶奶，哪个爷爷奶奶能说点圣贤上所讲的明白话？没有了，不知道了，一味地溺爱伺候他。所以在这种情况下，"覆巢之下岂有完卵"，树上鸟窝掉下来了，鸟窝里边的鸟蛋都碎了，你想找个好的都没有，为什么呢？整个的连根拔起来了，传统文化多少代都不学了，你找个明白人，不可能。你这么跟人说，人听着也对，但是不敢相信。为什么呢？这么好的东西为什么电视台不播？你想想人家问得有道理，这么好这么对的东西，为什么电视台不讲？电视台都讲什么？讲钱，怎么赚钱，刺激你欲望的东西。所以你说说，千家万户他怎么能正常，这孩子怎么能教得好！

第十四讲　安全常识无人教

父母皆上班，孩子谁来教

班主任：我们发现现在的孩子普遍都不懂生活常识。

陈老师：普遍不懂的原因是什么？我们录过一期节目《今天的年青人为什么不能》。四种教育的基础是家庭教育，那家长就问了，我们怎么教？从生活开始教。《朱子治家格言》开宗明义"黎明即起，洒扫庭除"，他是个代表，实际上生活当中的一切都得让孩子去做，《朱子治家格言》可不是说给姥姥看的，是给孩子看让他做的，"黎明即起"早早的你就得开始整理家，所以这些教育必须要有大人教。我们把这话说在这儿，生活在现在这种社会，我们说插电的电门，家里边的冰箱、电视这些统统都需要有人教。"置冠服，有定位"，那是古代，现在你说这壶开水该放哪，该怎么穿衣服、该怎么关防盗门，你看古人教给我们。有一部书叫《传家宝》大家一定要看，那里边全是这些家常里短的家庭教育，现在为什么需要呢，他没人教，也没人懂。你看那小同学拿着什么呢？拿着筷子、剪刀，在那儿对着同学比画，那大人"啪"桌子一拍，眼睛瞪起来，他都吓一跳，为什么呢？告诉他"寸铁不可逼人"，这么大的铁尖行不行？钢笔尖不可以，把人眼睛能扎瞎了，这扎到脸上扎个窟窿，就得缝针，你这样一教他记一辈子。得有人教，那没人教学校不教，学校都是文化课，讲文凭。生活教育、常识教育没有了，他能是个正常人吗？这孩子人情事理能通吗？你指望他照顾父母，父母这儿渴了，快倒杯水，他把手烫了；更有甚者，那家长糊涂，这辈子你别倒水了，妈妈给你倒，没错吧？

班主任：是。

陈老师：我们看到有个义工，四五岁刷碗，啪嚓把碗摔了，妈妈跟他说从此以后不许刷碗了，到现在二十六了不会刷碗。这可真是跟我们那一代人太不一样了，摔个碗就再也不刷碗了，所以我们看年轻的小同学，十六七岁给同学们煮洗脚水，把脚面烫了，不能走路了，那怎么办呢？要我说这种情况还要让他罚跪，为什么呢？你多大的人了，烧壶水你把脚烫了，那还得挨顿骂，这是真的，古人都这么教，自己受了伤不敢跟父母说，第一个怕父母担心，"身有伤，贻亲忧"；第二个要自责，打自己脸，为什么？这点事我都没干好。这是古人的教育。家里边要是有爷爷奶奶、外公外婆的，父母都得把孩子拽一边去，受了伤之后还得揍他一顿，为什么呢？你把自己弄成这样，你爷爷奶奶看到得心疼死，从小告诉他"身有伤，贻亲忧"，那该怎么办呢？要小心。孝子不居危墙，什么叫孝子不居危墙？说这墙稀里呼扇要倒，倒下来能把人砸死，你看这墙歪歪扭扭的，孝顺的儿女他不在墙底下立着，"孝子不立于危墙之下"，把自己砸坏了，父母那心都碎了。所以你就知道，生活教育的基础还是离不开孝道，告诉给他你为什么要学，保护好身体，全家和乐。否则你总让大人伺候你，就像我刚才所讲的，他一旦离开了父母的羽翼，就变成了一个白痴，变成笨蛋了。所以生活的教育靠什么呢？靠妈妈在家里好好教，相夫教子，现在都跑出去了，你说这孩子谁给他常识教育？常识教育很多，所以我们在这呼吁，国家除了应该开辟传统文化电视台，儒释道的教育之外，我觉得应该开一个《常识教育频道》，找一些好老师，和蔼可亲的、有耐心的，把这些生活常识一样一样教给大家，这是国民基本生活教育。你们听听有没有道理，从各个方面，小到一杯热水该放哪，大到哪些人有危险你不能靠近，哪些事情不能做，将来有哪些疾病该怎么预防，包括怎么防震，怎么防洪水、泥石流，在全国进行这种教育。有些农村的化粪池，你们知道吗？

班主任：我们知道。

陈老师：有些孩子掉那里边淹死了，所以说你还要对农村的孩子进行教育，现在父母都出来打工了，家里孩子都没人教了是不是。前不久的一则新闻我们听了很难过，说有对父母外出打工，两年不回家，孩子想妈妈，一听说今年又不回来了，上吊自杀。你这当妈妈的干什么去了？那有人讲"不行，现在处处都需要钱"。我知道你们是做义工的，你们没有任何生活的收入，没有工资，全国这样的义工也很多，不活得挺好吗？我也是个做义工的，我也没有出去赚钱哪，八年了，我没饿死，每天都很忙碌，那么那些拼命赚钱说钱不够的人，我们真的不知道他们该做何想，孩子教育很重要！

家长要重视安全常识教育

班主任：老师您不知道，每年暑假的时候，小孩子淹死的特别多，寒假的时候小孩子掉冰窟窿里面的特别多，包括交通事故的、碰电的等等。

陈老师：根本原因是什么呢？要全国教育，这是各个电视台最应该做的事情，天天在那儿搞娱乐，咱们就那么缺娱乐吗？现在连最基本的人道教育、活着的教育都没有，所以我们看了真着急，不光是传统文化的问题。你说孩子家里面没有妈妈教，天天看不到，爷爷奶奶上年岁了，要不然溺爱，遇到各种各样的危险的环境都要教给他，这是让他健康幸福平安一生的基础教育。我觉得现在很多传统文化学校真的要反思，我们要反思什么呢？不要变成书呆子，我看到很多孩子真的成了书呆子。

你们这些班主任对学生的生活教育远远不够。对于那些危险的东西，要给大家当作必修课，从幼儿园就教。安全教育是第一，要应对当前的局势，最好的方法编这么一套教材，叫《生活常识教育》，从大人到孩子都得教。那么课本拿到之后，像你们这些班主任，一定要在现场教。煤气灶不能忘关，忘关了那会出人命的，会出火灾的。传统文化学校好在哪里？重视生活常识教育，这是它的长处，所以这些学校都应该做，不做，错了！安全都不能保证，圣贤教育何能落实？你看传统文化学校很多老师都是年轻人，他们来当老师，甚至还要当校长，那么年轻，很多还是书生气十足的，他能教什么生活常识课，他自己还看不明白呢，这是传统文化学校很大的问题。家里边父母不懂、长辈不懂，也没时间教；到了学校老师也不教，无论是传统文化学校还是社会普通学校都不教，那孩子就苦了，为什么呢？长到二十岁、三十岁，对生活一无所知，这叫什么呢？教育的缺失，教育的失败，他不健全，他都不能自立，不能保障自己的安危，他怎么保护父母，怎么尽孝？将来怎么相夫教子、怎么顶天立地做个大丈夫保护一家人？不可能，他没受过这教育，所以安全教育、生活常识教育，要常常说、天天说。你们这些年轻人，当班主任的一定要知道使命重大，不是说讲讲课就完了。摇头晃脑地讲《论语》，不可以！

班主任：老师，确实是这样的，我们之前有一个小男孩，十五岁，虽然生活在农村，但是也缺乏安全的教育，他点蚊香，早上睡醒觉了，蚊香还没有燃尽，还有火星儿，他也没看，就直接塞到柜子里边，然后把柜门关上，人就走了。

陈老师：最可怕就是这个事情，我小的时候，爸爸妈妈对我在这方面的教育那是常常挂在嘴上，总是在那儿问，煤气灶关了没有、水龙头关了没有、门锁好了没有。尤其到夏天，什么点个蚊香，家里信佛、敬香，敬完香之后绝对不能敬好香人走了，屋里没人那太可怕了，窗户开着，一阵风给你吹到边上，书上着火了，吹到沙发上布着了，可了不得！

班主任：是，还有蚊香放在地板上，底下地板起火了；还有蚊香两根、三根一起点，同时冒烟毒气太重，孩子就很容易中毒。

陈老师：对，蚊香，像你刚才说的把它放到柜子里去，什么情况？

班主任：结果这人就走了，房间没有人，房间只有泡沫垫、被子褥子，结果有同学感觉有烟味，就赶紧过去，还好发现得及时，没有什么大事。

陈老师：看见什么了？

班主任：就看到一直有烟往外冒。

陈老师：柜子冒烟了，听见了吧。

班主任：是，而且闻到味道很怪，后来就找，找了半天一开柜门才发现里面放着蚊香。

陈老师：着了。

班主任：还着着呢。

陈老师：一个小火星，要是着起来后果不堪设想。

班主任：是，很后怕。所以我们这边在学校就会给大家开这种烧伤课。

陈老师：有图片给大家看吗？一定要让同学们看到烧伤、烫伤、被电死的、车祸的图片，要把这些惨象给大家看。通过这种惨烈场面的警示教育，给孩子一种可怕的感觉，增加记性，这是多么好的教育。

灾害教育，远离危险

班主任：我在小学的时候也上过这种课程，但是就像您刚才讲的，没有直观地看到图片他印象不深刻，或者他会感觉离自己太遥远了，跟自己没有什么关系；第二个，他不能亲眼所见他不害怕，这样的话他就不以为然，所以一定要让他看图片，而且要反复地给他讲，讲一遍不管用，要反复地给他讲。

陈老师：你们课上有图片吗？

班主任：有，会在网上找大量的烧伤、烫伤的图片、视频，包括父母的伤心难过，都要给孩子们看。

陈老师：说实在话，这些课程能够让人规矩，能够老老实实地落实《弟子规》，"置冠服，有定位"这句话是个代表，除了帽子衣服要有固定的位置。这壶开水呢，这碗热粥呢，菜刀、剪子，这些东西要不要有定位？那刀尖、剪子尖朝上？安全教育跟圣贤教育是一回事，圣贤教育让你先平安幸福有这一生，人要有个很好的习惯他就不会出事。我们原来有个同学乱扔东西，这么大一把小剪子乱扔，剪完了之后放在沙发上了，结果一屁股坐下去，人就一声惨叫，扎进去这么深，屁股上缝针。我们印象太深了，所以我每次看到这剪子，特别吓人。还有那剪子老打开着，也是挺可怕的，这是不好的习惯。

班主任：我们看到农村很多人家都有柴火垛，柴火垛很容易起火，一个烟头不小心随便乱扔就会酿成火灾，导致人的死亡。

陈老师：所以你们这种教育课一定要让大家看到，我们刚才呼吁国家要开这么一个频道，一个县或者一个省一个市都有，那么多娱乐频道，拿出来一个不就行了，让人们都安居乐业，医院里边少一些伤员病患，人民欢迎，多好的教育！最需要找一批专家学者，专门有一个编委会组织教材，文字的、影视的、图片的，都让大家看，从孩子懂事就让他学，家家户户心都安定了，否则那父母在外边，那心老是悬着，不知道这孩子哪会出事。所以说这种教育太有必要了，我们也呼吁传统文化学校要开这个课，一定要讲生活常识教育课，你年轻不懂可以问问老人，哪危险哪不能去通通都给大家说出来。我们讲日本的防灾教育好，全民教育长期进行，你能说这不好吗？那我们为什么不学呢？那是电视台的本分，广播电台的本分。

安全教育，趋吉避凶

班主任：比如说孩子什么季节穿什么衣服，看似很简单，要教给他们"春捂秋冻"，这些都一定要教给他们，不然他们身体都保护不好，怎么可能谈学习，更不可能谈孝顺父母。

陈老师：我每到春天往下减衣服的时候，脑子就出来这四个字"春捂秋冻"，算了再穿两天吧，你看这小的时候爸爸妈妈在那儿给你换衣服，上小学给你把秋裤脱下来，再穿两天吧，"春捂秋冻"总在嘴边说，说着说着你就记住了，到秋天的时候不该穿呢，再冻两天，这是教出来的。现在家长不说了，他没有常识，人一个比一个傻，就有灾祸。我们不是说话难听，这些话老人过去常说，"傻小子，傻丫头"，为什么总说这话？他不是骂你，也不是羞辱你，他是让你记住，所以责骂很重要，能让他记住，能让他记得明白，这是爱。

班主任：但是老师，我们接触过很多家长，他们也比较头痛，头痛的原因是什么呢？说孩子每天放学回来作业都写不完，我还哪有时间让他去洗衣服，去帮父母刷碗，这是第一；第二，很多家长的观念是，你只要把书读好了，考上好的大学什么都有了，其他的不重要。

陈老师：他所有的教育观念里就少一样，怎么让孩子成为一个健全的、各种能力都具备的、能够平安地走好一生的人。他说这几样跟这都没关系，难道这是家长想要的吗？要告诉大家，我们教育孩子要让他脚落地，让他好好地走这一生，先不要想别的。

班主任：先平安了。

陈老师：这是属于生活常识教育，比这再高一点的是什么呢？待人接物，知道吉凶祸福，告诉给你，那样人不能来往，这样人要靠近，一个家是这样，一个国更是这样。春秋的时候，齐桓公在管仲临危的时候就问，仲父，你要过世了我这国家依靠谁，你能不能给我推荐几个人，管仲就告诉他，有三个人你绝对不能用，你用了的话后患无穷。由此我们就看出来，初级的就是我们今天讲的这些，别让开水烫了，别烧着了、电着了；比这高一点的是什么教育呢？吉凶祸福的教育，都在《弟子规》里。常识是在前边，"袜与履，俱紧切"，鞋带系不好踩那儿就摔倒了，这是安全教育；那后边呢，告诉你"斗闹场，绝勿近"，告诉你"若衣服，若饮食；不如人，勿生戚"，这是什么呢？吉凶祸福的教育，否则你看重这些东西，将来会有灾祸。为什么"斗闹场，绝勿近；邪僻事，绝勿问"？从小就告诉你这会给你带来灾祸，这就跟这壶开水放哪是一个道理，是生活常识教育，这是什么呢？这是人生的吉凶祸福的教育；所以你看《管子》这部著作讲，"礼义廉耻，国之四维；四维不张，国乃灭亡"，国家吉凶祸福、社会单位家庭，通通都是一个道理，生活常识教育，你说需不需要？你会看吗？这家里边明白的人会说，"这有危险，那怎么能那么放呢，你这样做不对，你动作太可怕了"，他都看得出来。没受过这教育的，他在这屋里边两眼一摸黑。我为什么说这些大学生无能呢？多危险的东西在他面前他都看不出来，这壶开水放这儿？他没概念，因为没受过这教育，所以孩子烫伤她在边上哭，管用吗？孩子已经烫了，皮开肉绽的。你就知道一个道理，长大了跟人不会交往，他不知道什么事、什么东西、什么人不能靠近，灾祸就来了，一个道理，两件事情。所以如果国家能够开这样的电视频道，人民之福，教这个有什么不好呢，帮助千家万户，帮助我们的社会安定祥和。

班主任： 老师，还有的家长持这样的观点，孩子不用管，全凭父母的德行，天下没有不好的孩子，只有不好的父母，没有不好的学生，只有不好的老师，他认为孩子的主要问题在老师和家长身上，家长和老师好了，孩子就能感召来好的。

陈老师： 他说得很对！父母是孩子的根，老师是学生的根，根坏了，树、花、果很快就都枯萎了，这确实是。但是这话只能长辈、只能父母、只能老师说，做子女的不能说，做学生的、做晚辈的不能说，否则就是大不敬大不孝，你把人伦破坏了，父母为什么不知道？他为什么教不好？上边断代了，你不能怨他，不能说他有做的不合适的地方，脸上不能表现出来，要用善巧方便"怡吾色，柔吾声"来劝导父母，这是什么呢？不破坏人伦，不失为子之道，不失人子之本分，这是对的。所以家长讲这话最好不要当着晚辈、学生的面。这个说法有没有问题？有，难道子女不用管？

父母不好当

班主任：孩子不用管，全凭父母德行感。

陈老师：全凭德行感，那你有德行吗？没有，没有管不管？没有也得管，等你的德行能感召人了，你得什么年岁了，话又说回来，你现在有时间学吗？现在没有德行，这孩子还学不学了，这不都荒废了，跟周围人学坏了，再改可来不及了。所以我们一定要知道父母不好当，要学圣贤教育，要听我们这一系列节目《教孩子的学问》，开阔我们的思路和眼界，知道中国古人是这么教孩子的，在现在更管用，不是管用是更管用，为什么呢？我们更需要，你能说这些东西是爱好吗？说我不爱好就可以不学，不是你喜欢不喜欢的事情，不喜欢就不学了，每个人都必须得学，人道的教育都在中华传统文化中。

第十五讲　孩子为什么偷东西（1）

九岁孩子成惯偷

班主任：老师好！

陈老师：大家好！我们今天录制一个特别节目，我相信家长、老师还有全社会都会很关心它的名字——孩子为什么偷东西。为什么偷东西？我们不找出来它的根本原因，就永远解决不了，为什么？不知道病根在哪里，你可能以为自己家的孩子很好，你真有可能不知道，他已经偷东西好多年了。今天我们先介绍一个好孩子，女生，今年刚九岁，好在哪里？你看她，上课读书认真，背书真的很好，你看她上书法课、画画课，这些才艺都很好；很有礼貌，鞠躬是九十度的，一般小同学都不如她。吃饭的时候，学校要求照顾人，她也会；你看她被子叠得多好，跑步、打扫卫生、洗衣服，可以说这个孩子和一般的孩子比起来，真的是相当好。老师让她陪伴新来的同学，她能做到。今天两个班主任在这儿，把这个同学带来了，偷东西已经两年了，你怎么看也看不出来，但是真的是偷两年了。我们先来问问班主任怎么发现的？

班主任：第一次发现孩子偷东西是在她睡觉的床底下有吃一半的糖，结果招了很多蚂蚁。

陈老师：你们学校不让吃零食。

班主任：对，我们学校是不吃零食的，拿到糖以后，学长带着她就来找到我这边，当时我就问她有没有偷东西，孩子面不改色说："老师我没有偷东西。"那你这糖是哪来的？她说她来的时候在火车上妈妈给的。我说："那好，我现在给你妈妈打电话。"然后她马上就讲："老师我记错了，不是我妈妈给我的，是旁边的阿姨给我的。"

陈老师：她反应很快吧？

班主任：反应很快，我的话音还没落，她就能马上接上，然后我再跟她讲，外面买不到糖，只有老师这边有，她铁嘴钢牙就跟我讲："老师，我真没有，你相信我吧。"而且是很可怜又很无辜地看着我。

陈老师：换句话说，她有精彩的表演。

班主任：对，甚至她的学长都会讲，说可能不是她偷的，甚至我自己都觉得孩子好像没有说谎。

陈老师：你们统统被她骗了。

班主任：对。

陈老师：为什么呢？表演太出色了。

班主任：对，最后我连哄再吓唬，手里面拿着戒尺，她承认了。"老师，我偷了。"但是还没有说实话，"老师我就偷了一块。"我说："我的糖我有数，你偷了多少，我一看就知道。"她说："老师，我偷了四块。"我又问她："你还有没有拿别的东西？""老师，我真没有了，我再没拿别的东西。"后来我又跟她讲："老师的办公桌里面有什么，我清清楚楚，我现在就下去看看。"她最后承认了："老师，里面还有山楂丸、山楂条。"这样她才一点一点地跟你说实话，不然根本就不说实话。

陈老师：她说实话这么难，你有什么体会？

班主任：第一我觉得，老师或者说我们这些大人、她的学长，根本就斗不过她。甚至好多次我都相信她没有偷东西，或者相信她说的是实话了。

陈老师：这就说明孩子有比偷东西更可怕的东西。

班主任：是。

陈老师：她九岁，能把你们快三十岁的人都骗了，而且还不是一个人，你当时也在场？

班主任：对，在场。不管怎么问，她都说："老师我没有，真的这是我在地上捡的。"后来打手板，打一下说一句，而且她的眼神非常无辜地看着你，斩钉截铁的。

陈老师：我们观众听到这里，会觉得非常恐怖，为什么呢？她刚九岁，是个小女孩，她为什么能达到这个程度？你们应该好好问问她，偷东西多少年了？没有相当丰富的经验，她不可能达到这样的程度，你看她做的事情，有偷、有骗，十恶业头三样她占了两样，偷盗、妄语。她刚多大，后来还发现她接着偷是吧？

班主任：对，而且最可怕的是第二次，第二次我们发现她偷东西的时候，她明明手里面就拿着偷来的东西，但是她还是不承认，铁齿钢牙、面不改色地看着你。"老师，我没偷，我真没偷，我一过来就看到这块有，不是我拿的，我没有偷。"而且孩子最让我们担心的是她胆子很大，胆大妄为，在我们学校，老师的房间她敢进去偷。

陈老师：我听说把老师这些房间全都偷遍了？

班主任：对，老师的房间、长辈的房间、老师的办公室、学长的柜子，包括公共走廊的柜子。

陈老师：江洋大盗，刚九岁的小姑娘。这孩子就在这儿，我们要问这孩子跟谁学的，你讲讲，跟谁学的？

孩子：跟同学。

陈老师：你来传统文化学校之前，在你的小学学到的，是不是？

孩子：是。

陈老师：学偷东西多少年了？

孩子：两年。

陈老师：上一年级开始学，是吧？

孩子：是。

陈老师：那个时候七岁吧？

孩子：是。

陈老师：在我们印象中城市里的孩子可能毛病多，农村应该很淳朴，我们完全想错了，现在污染已经蔓延到农村，你看那么偏远的一个地方，天水市下边一个县的小学校，小学一年级。你给我们讲讲，同学们都怎么偷东西，你学到的。

孩子：是同学们下课的时候，趁着别的同学不注意，就会到他们的书包里或抽屉里拿东西。

陈老师：翻人家书包？

孩子：是。

陈老师：那班上这样的同学男生女生都有？

孩子：是。

陈老师：多不多？

孩子：也多。

陈老师：大家都偷什么？

孩子：大家都偷过文具用品。

陈老师：你在家里边偷不偷东西？

孩子：我在家里偷过糖果，还有果冻、饼干。

陈老师：偷了两年了，为什么不改？到传统文化学校接着偷，为什么不改？

孩子：有时候就又忘记了，还是想偷的感觉，也控制不住自己。

陈老师：你偷东西被发现还能骗那么多的人，你哪来的本事？

孩子：我跟以前的同学学会了撒谎。

陈老师：同学们也都撒谎吗？

孩子：是。

陈老师：偷东西要挨打，很疼，那你为什么还要偷？

孩子：我也不知道，我是一时控制不住自己，还是觉得很想偷。

班主任：我问这个孩子，你除了偷吃的有没有偷钱？结果她跟我讲，她说她没偷钱，拿钱没有用，花不出去。这一个是让我觉得很可怕的，让我很担心，她长大了………

陈老师：能花出去了。

班主任：对，或者说她不在这种封闭式的学校，她有机会花钱，那她就会去偷钱，所以说这个是让我很担心很害怕的。我们就遇到过这样一个同学，她经常去学校里的小卖部偷零食。

陈老师：男生女生？

班主任：女孩子。

陈老师：多大？

班主任：也就是十岁左右吧。

陈老师：都是小女孩。

班主任：小姑娘，看着是非常可爱的，很乖巧。然后被小卖部的老板发现了，老板就很生气地跟她讲："你不要来偷我的东西，你回家去偷你爸爸的钱来买我的东西。"

陈老师：小卖部卖东西的人就这么讲？

班主任：是。

陈老师：我们看到这里，可能感到很恐怖，其实还不止，可怕的还在后边。你看这小姑娘，学习好，会背《弟子规》《感应篇》《十善业》《沙弥律仪》。你给我们背一背"二曰不盗"，是专门讲不偷盗的，你看她背得很好。

孩子："二曰不盗"解曰：金银重物，以至一针一草，不得不与而取。若常住物，若信施物，若僧众物，若官物，民物，一切物。或夺取，或窃取，或诈取，乃至偷税冒渡等，皆为偷盗。经载："一沙弥盗常住果七枚；一沙弥盗众僧饼数番；一沙弥盗众僧石蜜少分，俱堕地狱。"故经云："宁就断手，不取非财。"噫，可不戒欤！

陈老师：我们听完她背诵很受教育，这是我们教育最大的失败，难道我们要教出来的是这样的人吗？《沙弥律仪》都会背，正体字默写，她还给你可以表演，还有上台可以给你唱歌，实际上她是个小偷。我们听说有的年轻女孩子，刚参加工作，偷成习惯了，把人家的银行卡偷了，一万块钱，花了之后判进监狱两年，那就是犯人、罪人。我们今天看，小到九岁的，我还听说你们这儿来过六岁的小偷，她说她从四岁开始偷是吧？

班主任：对，我们遇到一个从河南来的女孩子，今年六岁，她一来我们这儿就开始偷东西。后来我们了解情况才知道，孩子从四岁开始，在幼儿园就学会偷东西了，她会把同学好看的铅笔、橡皮偷偷拿到家里来。我们就了解这个孩子发现，在她很小的时候爷爷带她去别人家做客，看到别人家有好吃的、好玩的她就装到兜子里偷偷拿家来，甚至有的时候，她看到别人家有好的，然后就跟爷爷要，这爷爷宠着孙女，就帮孙女管去做客这家的主人要，说他孙女喜欢，就拿走了。

陈老师：那爷爷要是不帮着要，那个姑娘就得去偷了，四岁、五岁、六岁偷了两年，是不是？

班主任：是的，她就已经偷成习惯了，我们见到她的时候她是六岁，偷了两年了，改不过来，看到别人有的，她自己没有的，她就想去拿来，就想占为己有。

陈老师：你偷别人的东西心里是怎么想的？这个东西我没有，我就得拿到，是不是？

孩子：也觉得别人这些东西好，自己没有，也很需要这个东西就拿。

孩子学坏太容易

陈老师：我们看到班主任讲这些话，孩子自己忏悔，我们深受教育。人生在世四种教育，头一个是家庭教育，然后是学校教育。我们再看看现在的家庭和学校这两种教育，根本就不教不许偷盗，谁教过这？如果教的话也放到很次要的位置。你看这孩子脑子里没这个概念，那什么重要呢？吃喝玩乐重要，上名牌学校重要，出人头地、人前炫耀重要，不教的是什么呢？是人伦、五常里面的仁义礼智信，破坏了五常人就这样了。所以说"人弃常则妖兴"。你看仁字，人不教了，不仁就怎么样？杀生，杀、杀害、伤害、不仁，恼害众生。"不义"偷盗，"义"不盗、仁义。"礼"不淫乱，不色情，讲究礼节。现在这些都没有了，不讲礼了，不仁、不义、无礼。"智"，智是什么呢？不酗酒，酒后乱性，现在是不智，从老到少都在那儿酗酒。"信"是什么呢？不妄语，不说假话骗人，现在是不智、不信，人人都说假话。你看她，小姑娘能把多少人都骗到了，练出来的，她不是生下来就这样。说到最后我再加一个"无耻"，没有羞耻心，不仁、不义、无礼、无智、无信，我再加一个无耻，大家听听有没有道理。现在疏忽的伦理道德的教育，就是我们传统文化需要重视的。你看这孩子考试成绩再好，也是个贼，是个小偷！但是只要不被发现，她在学校里就是好同学，在家里就是好孩子，她能把大众都欺骗了，实际上她偷盗的习惯天天在滋长。你们想想，一旦将来她长大了，她需要的不仅仅是糖果了，她要名牌，得不到她就要偷，钱少了还不能满足她，只能去偷，最后要判很重的刑。你说她进监狱灾难从哪来的？七岁学偷盗学来的，从哪儿学？从学校学来的，那学校为什么不管呢？学校教文化课，不管这个。这个例子里，甘肃那么偏僻的地方，普通农户家的一个孩子已经当两年小偷了，学习挺好的，拿来成绩父母根本就看不出来，什么都看不出来，双百，那有用吗？能让她的一生趋吉避凶，成为一个好人吗？那是做梦！为什么呢？学校、家庭统统没有伦理道德的教育，现在哪家哪户教"仁义礼智信"了，统统都是什么呢，杀、盗、淫、妄、酒！家长觉得冤枉，我们没教杀盗淫妄酒，你打开电视，那比你教的力量大太多了。所以我们家长现在糊涂，长辈糊涂，还天天在那儿看呢，你边上的这些小孙子、小孙女，全都学坏了。你说怎么学坏的？欲望起来了。因为现在电视教的都是刺激人的欲望，现代经济学家的理念要刺激人的消费欲望，这人当然也包括这些孩子。你看那些广告，那孩子看了流口水，那些衣服他想穿哪，没条件他就想办法，这就是祸根。所以就你在家里教的几句"仁义礼智信"，能跟电视比吗？你能跟外边那些小同学比吗？穿的都是名牌，接送都是豪车。那父母也是炫耀，诱惑的力量太大了。一小块糖果就可以让你家的孩子变成贼，更何况现在的诱惑远远超过一小块糖果。你怎么办？话又说回来，你说我们家学传统文化、学佛的，我们不看电视，那你孩子不出门了吗？他没同学吗？他总得要在社会中生活，他要跟人打交道，你说怎么办？这是最让人害怕的。这一个孩子学坏了，就像你们所讲的，你们见到偷东西的孩子多不多？太多了是不是？

班主任：很多。孩子小的三四岁，大的二十多岁，都有偷的。男孩子偷，女孩子也偷；贫困家里的孩子偷，富有家里的孩子也偷。

贪欲为偷盗祸根

陈老师：你们给我看过一个同学的忏悔信，这个孩子湖南人，一个男生，十五岁，他在信上写，没有他不偷的。在家里光偷父母的钱就五千多，然后呢，上黄色网站。在家里边上网，那父母都什么态度，你快去上网打游戏去吧。你真吵人，心烦，妈妈都这么说。孩子是不说话了，网络那杀盗淫妄在教他，他什么都学会了。学会之后，他那忏悔信上写，到学校去偷女子的内衣内裤，跟谁学的？我们这个年代的人都没听说过，还有这样的事情！为什么呢？国外的人有这个毛病，你看中国的孩子都学会了，他觉得好玩。你说他懂什么？你不懂的他都懂，他什么都知道，为什么？网络教的。你们听到这些地方不寒而栗。他们是一个民族、一个国家的未来！我们看了之后怎么办呢？都忙着赚钱去，把孩子扔给老人，或者扔给电脑、扔给电视、扔给保姆，你说他什么学不会，力所能及地偷。长大了那杀盗淫妄都会干了。

班主任：而且七岁就已经控制不了。

陈老师：对，她现在是九岁偷两年了，这是被你们发现了。学校发现不了，家里发现不了，你们谁都不管哪。过去我们那个年代说这孩子打架，马路上不认识的老人都过来喊一句"干什么呢！"现在你给他钱他都不管你，大家都是这种关系。所以说，你们想过没有这些孩子长大了怎么办？这难道是我们想要的孩子吗？想要受这种教育吗？这难道是我们想要的结果吗？你们这是管得严，认真负责。从七岁就练起，"一门深入，长时熏修"，她有深厚的功底。你说这孩子能是好人？嘴上会背，手里会写，毛笔字，你看那才艺可了不得。我相信天下有很多孩子，家长和老师都没想到，他原来是这样的！那你说我们为什么看不出来？我们打个比方，高速路上的两辆车，往同一个方向，同一个速度开，车就好像静止的一样对吧？你看看它跟静止的一样，说明什么呢？你跟他同路。为什么你们一眼就看出来了呢？不是简简单单说看到那糖纸，一下就能看出来，你们心清净，欲望少；那欲望炽盛的孩子、大人在你面前，你一眼就能看出来。人心安定了，这些事情都看得清楚。现在家长为什么看不明白？他自己那儿还心乱如麻，他比孩子还贪，孩子小，小贪看不出来。还有你们刚才提出来一个大问题，就是属于贫民家的孩子，富家子弟也偷。你看有一个男孩子，我记得是山东的，家里有钱，几千万的资产。你看这个山东小男孩，偷东西，偷钱。给他送到他妈妈那儿，妈妈不相信。"我们家这么有钱，上市公司，他怎么会偷钱，我们家最缺的就不是钱。"为什么呢？她真的不知道。我就跟这个妈妈讲，我说你们家是不缺钱，但是非常缺乏对传统文化、对伦理道德的了解。何以见得？我说你这是富家子弟，你儿子是不是从小要什么给什么？我们家赚了钱就是为这个。我说对，现在家家户户普遍都这样，孩子要什么给什么。这一点就把孩子毁了，就培养成小偷了！为什么呢？你看，要这个给这个、要那个给那个，给他形成一种什么观念呢？想要的必须得到。谁教的？你教的！反正该给的不该给的，只要我闺女要、我儿子要，那想尽办法也得给他。你在教给他一种完全错误的伦理。什么伦理？我是老大。儿子、闺女说了，我是主人，我是小祖宗，我要什么就得给我什么，不给我那我就不活了。你看看你教的，这是第一个。第二，你把他的欲望培养起来了，换句话说，他的欲望都必须得到满足，那他欲望就炽盛。欲望炽盛是大灾难的基础条件。孩子刚九岁，她为什么控制不了？我们学佛的人懂，业力在控制她，所谓业力牵引，自己做不了主，明明知道这是错的，挨打挨骂，他还是要去伸手，哪怕一小块糖，也要把它偷回来。说明他的欲望、他的业力已经控制了他自己的心智，他自己说了不算了。所以你看马路上那些杀人、放火、偷东西的，他自己控制不了自己了。为什么，从小就培养。谁培养的？父母培养的。欲望培养起来之后，我就跟妈妈讲，你把他送到一个传统文化学校，传统文化学校教好人，零食是坏习惯，不许吃。在家里边不吃零食那还能活？孩子欲望天天烧着，你突然一下给他断了，他受不了。就好像抽鸦片、抽大麻的，你看那过去的大烟鬼，那要是没了之后他鼻涕眼泪都下来了，这人活不了了。为什么？他已经进入病态了。你看现在的孩子，你要是不给他这样东西，能打妈妈，甚至能要你命，反正不要你命他就要自己的命，自杀，都是他的欲望在控制他。欲望谁培养起来的？电视、网络，还有家里的大人要什么给什么。欲望培养起来，你一定要记得，他自己不能够做主了，控制不了自己了。所以到了传统文化学校，这也吃不到，那也拿不到，不行！这小姑娘就是培养了两年的欲望。有家长讲，吃块糖算什么欲望？对于我们大人那是个小事，对于他们来说是大事，我们要知道，这就是孩子的心理。对他来说那点食物就是天大的事。他把天大的事情看得不可控制了，那他就跟着那些事情走了。那就是他的命。所以我跟那个妈妈讲，你的孩子为什么会偷东西，你这回听明白了。富家子弟的欲望比平民子弟高出来太多倍了。为什么？他从小就享受，被惯着，被溺爱。溺爱的孩子有几个不偷东西的？你说小孩不都是这样？都这样将来都进监狱可了不得。没进监狱，偷别人东西，人家拿刀捅他，你们现在是拿手板教训他，这是爱护，将来谁爱护他？我们过去都知道，小偷被抓住之后往死里打。警察看着觉得应该，谁管你，谁让你是贼呢。所以说欲望做主，不讲伦理道德，孩子没有底线，一切都是围绕吃喝玩乐来的。所以我就跟那个妈妈讲，你的孩子之所以会去偷钱，就是因为小时候的欲望给他打了基础，现在不能熄灭，所以他必须得要满足自己的欲望。在社会上，在公司、行号，在任何一个单位，只要得不到满足了，他一定会去想歪门邪道。如果要是出了事情可是犯法。所以说今天的特别节目太重要了，孩子为什么偷东西？这些东西大家不懂，完全是商业社会，钱说了算，欲望做主，刺激欲望，刺激消费；离了麦当劳、肯德基，这孩子就不活了，这都是凶兆。这样的人能一生平安吗？你能放心吗？大家一定要知道，尤其是长辈，觉得这是小事，不就是一个汉堡包，去给他买去。错了！《弟子规》上讲的话"凡取与，贵分晓"，是该你吃的吗？什么不是该他吃的？非分的、不符合自己本分的。现在这孩子拿过东西来就吃，那是爷爷奶奶，给他给他，先给他吃。孙子先，爷爷后。《弟子规》上教什么？"若衣服，若饮食"，吃的穿的，"不如人"，心里不要难过，"勿生戚"；"唯德学，唯才艺"。德行、学问、能力"不如人，当自励"，从小教这个，现在把这打倒了，不要了。天天净盯着人家身上穿的、嘴里吃的，你说这些孩子他能用心学习吗？学了之后，那你说他背得挺好，双百，分数很高。我告诉你，伪君子，说一套做一套。换句话说，他从幼儿园受的教育一直到大学毕业，统统报废成零，文凭一点用没有，还给他增长傲慢。你知道，现在教育的失败在哪里？是知识的教育，跟伦理道德、跟他的自性，"人之初，性本善"，和纯净纯善的自性毫无关系，而且都破坏了。

第十六讲　孩子为什么偷东西（2）

父母占便宜是因，孩子偷盗是果

班主任：现在的家长，确实不看重孩子的德行。我们接触过很多孩子，当我们跟家长说孩子有哪些问题，比如说他花言巧语、偷盗等很多问题，家长还不如我们做老师的着急，甚至根本就不以为然，觉得孩子挺好的。现在很多家长包括学校，看重孩子的分数，会背哪些书，会不会鞠躬这些，对孩子的德行根本就不看重，价值观的这种混乱，也致使孩子像您刚才讲的，不知道无耻，没有羞耻心有什么不好？他不知道偷东西丢人。比如说在我们小的时候，如果说谁家的孩子偷东西，那父母都不敢出门，就觉得这脸臊得慌，觉得没有面子，好像是太大的事情了。但是对于现在他们来说，孩子普遍偷东西，好像觉得也没有什么，不就是偷点东西嘛，他长大了就不偷了，现在是这种观念。

陈老师：我告诉你这种观念的原因，我们不学佛也不懂，我们也看不明白，都是学来的。《孩子为什么偷东西》，这是标题。我告诉大家一个答案，你们听听有没有道理，因为大人偷东西。什么叫偷东西？"不予取"，人家没给你，你给偷偷拿过来。什么叫"不予取"？就是占人家便宜，你们看看现在社会上，尤其大人，谁不占便宜！大家的想法都是想多捞一点儿是一点儿。甭管是公家的还是朋友的，只要是对自己有好处，都想贪点儿。这已经成为了一个普遍的价值观。大人都不以占人家便宜为耻。说你这个人真笨真傻，你怎么就不会偷税呢？你看你们上大学学的是财会是不是？

班主任：对，财经。

陈老师：都会做假账吧？

班主任： 会教合理避税，其实就是做假账。

陈老师： 合理避税。

班主任： 学会计的都知道，其实行内都讲他不会做假账没法当会计。

陈老师： 你看看，你说的这话，我相信不是一家之言，普遍的现象。好，你做假账，偷税、偷盗、占便宜。你看现在做买卖的也是，东西十块钱，他卖你五百，花言巧语骗你，就像小品《卖拐》，你明明用不着，他非把它卖给你。

插播春晚小品《卖拐》

高秀敏：哎呀，那满大街都是腿脚好的，能卖出去吗？

赵本山：你还不了解我吗，还管我叫大忽悠，今天卖拐，一双好腿我能给他忽悠瘸了。

陈老师： 现在说练这种本事，练什么？说这人是个光头，把梳子卖给他，人家用不着，用不着也卖给他，那是什么？本事。现在都讲这个了，不讲伦理道德，你忍心吗？人家没用，你这是糟蹋人家钱。那不管，反正是把东西卖出去了，而且卖了很高的价钱，这都是占人家便宜，偷盗的心。那好了，现在家家都富裕了，家家孩子都开始偷东西了。什么意思？"因果报应"。我在很小的时候看过一部电影，印度电影《流浪者》。那里边主人公叫拉兹，我印象太深了，他是个小偷。他讲过一句话，那台词我一直记到今天，他说，难道小偷的孩子一定是小偷吗？法官的孩子一定是法官吗？他觉得不公平。

插播印度电影《流浪者》片段

拉兹：我还记得你在法庭说的话，你的根据是，好人的儿子是好人，贼的儿子必定是贼，对吧？

法官：这是我的信念。

拉兹：这是你的信念，那你这种信念完全是偏见，也就是你不幸的根源。

法官：不过他母亲隐瞒孩子父亲的名字，绝不会没有原因的。他父亲可能是流浪汉，也可能是潜逃的罪犯，一定不是好人，父亲是坏人儿子绝不会好，我的观点永远也不会改变。

陈老师：我们那时候也觉得不应该这样说。就像陈胜吴广所讲的，"王侯将相宁有种乎？"我现在学了佛法，总算明白了，"积善之家必有余庆"，善的种子，结善的果；"积恶之家"，你们家长辈都在那儿偷盗，"必有余殃"。所以说，你要想要一个好孩子，根源不在他，你是种子，大人是种子。小偷的孩子为什么一定是小偷？爸爸天天一筐一筐地往家背东西，哪来的？不敢说。最后知道，爸爸真有本事。我觉得现在全社会，连街上卖爆米花的都想占人便宜。为什么现在孩子偷东西的多？谁教的呢？西方价值观，利益最大化，不择手段，对不对？你什么时候听经济学家跟你讲伦理道德重要？不该卖给人东西别卖，价钱不能太高；你这是反经济学。所以我们看新闻报道，香港首富讲，我要不能把钱赚到最多，我就违背了做一个商人的道德。听听，一个商人的道德是什么？所以你看，现在普遍价值观是这样的，恶到极处，难道不是吗？过去我们中国人不是不做买卖，不是不经商，我们有伦理道德在控制。"童叟无欺"，大人孩子都不欺骗你，刚才你们讲小卖部的跟偷东西的小丫头讲："回去偷你爸爸的钱，然后拿着钱上我这儿买东西来。"他怎么想得出来？怎么说得出口？教给一个十岁小姑娘偷东西去，坏到极点！为什么呢？只认钱，唯利是图，不懂伦理道德。道理就这么简单，没有起码做人的羞耻心。所以"孝悌忠信礼义廉耻"的"耻"没了。"耻"没了，什么坏事都做得出来。你打她，你拿皮鞭子抽这十岁的小姑娘，管用吗？不管用。为什么？她的心是一颗无耻的心，屁股打烂了都不管用。那怎么办呢？很难办。现在见偷东西的孩子太多了。他的一生将与灾难、祸患、恶人、邪恶相伴，这难道是我们想看到的吗？你说我把外缘给他断掉，不断不行，这是实在话。你自己在那儿天天占人便宜，钱财都是凶财，你说想让自己的孩子将来不偷东西，那是绝对不可能的，为什么？因果报应，"父债子偿"，"积恶之家必有余殃"，所以全家人的价值观不转变，你想让这孩子好，他走到天边去，他都好不了，为什么呢？因果相连，"母子连心，父子同性"，父母在家里边胡作非为、吃喝嫖赌，净是杀盗淫妄，你想让孩子好、幸福一生，那是做梦。你把他送传统文化学校，你把他送天上都不行。为什么呢？父母是孩子的根。

班主任： 而且他感召来孩子的种子就不好。

陈老师： 你看现在整个世风就是这样，不能单纯责怪孩子。财色名食睡，反正能占点便宜的人们都想尽办法，不贪白不贪，不贪是傻瓜。所以我们特别希望今天的节目能够在学校、在千家万户来播放。孩子、妈妈都在这儿忏悔，目的是什么呢？警醒天下人，我们的孩子现在已经变成这样了，救救孩子。我们在这期节目当中说了很多很多的根源，有家里的、有社会的、有学校的。种种恶缘之下，你的孩子能够不受污染、不受祸害吗？太难了。

家长什么样，孩子就学什么样

班主任： 老师，就像刚刚您讲到的，富家子弟还有一个要命的问题，他偷钱明明花不出去，但是他还要偷。为什么呢？因为在家里的时候，爸爸妈妈平常两千三千地给，兜里面的零花钱不断。

陈老师： 习惯了。

班主任： 对，习惯了，他兜里没有钱他就别扭，所以他就得偷钱。还有孩子是什么原因呢？在家里面吃习惯了，好吃的，什么巧克力，各种好东西、小零食吃惯了。他到学校来会继续以前的习惯，悄悄去偷，不吃也要祸害。

陈老师： 这也是成习惯了。

班主任： 对，所以对于富家子弟，这两种情况也是很常见很可怕的。

陈老师： 所以很多的家长糊涂。看到传统文化学校生活好像是比较清苦一些，没有零食，没有他们讲的"硬件"。要有钙片，要有营养，一日三餐还有水果。我就跟这些家长讲，你错了，你那个爱孩子是害孩子，没有智慧，真正应该怎么样呢？不许吃零食，从小养成好习惯。所以说我们一定要知道三岁看八十，如果要是从小养成习惯的话，他这一辈子离不开，他离不开这些东西又得不到怎么办呢？那他必然要干非法的，干歪门邪道。他脑筋要往那儿动，他怎么可能成好人呢？那灾祸不就来了。小孩子从小受一点苦，有好处，真正有智慧，一生平安，什么东西也诱惑不了他。媒体把人都教坏了，人教坏了之后怎么样呢？他就去偷，杀盗淫妄什么都干。所以说现在社会的这些乱象，犯罪为什么这么猖獗？根本的原因就在这儿，我们看到今天的小孩子，你说这没事，没事？长大了有可能就是一个罪犯。

班主任： 传统文化它让人有羞耻心，耻于去偷东西。作为一个底线，不敢去偷东西。现在人是又没有羞耻心，又没有什么不敢的，所以他就胆大妄为，什么都敢做。

陈老师： 不管富家子弟、贫家子弟，凡是家里边的家长出问题的，孩子准出问题！所以说，只要人们占便宜的心不能够停下来，人人都想利益最大化，捞点是点，那都是凶财，不但钱财你得不到，人还糟践了。你的后代毁了，得不偿失，学传统文化的人不是傻瓜，不是说放着便宜他不占，你占，你聪明吗？

班主任：老师，还有的家长是自己贪于享受，他喜欢漂亮的衣服，喜欢去一些地方去享受那些美食，或者说到世界各地去旅游、去度假，好像非常享受。

陈老师：人生活着的目的。

班主任：是，家长有这种价值观的时候要小心了，你的孩子也会贪图这些，那么当他很安逸又不愿意去努力勤奋的时候就会去偷。

陈老师：我告诉你不是价值观，你说的这些是现在家长天天在表演，他做出来，他说出来，就跟演电影一样，那孩子都学会了。你看看那孩子就是家长的镜子，你们做班主任的知道，孩子什么样，家长准是这样，一点儿不会错。所以说家长花言巧语，孩子花言巧语，家长伪君子，孩子伪君子，说一套做一套！你以为你无所谓，他都学会了，他在边上像个录音机、录像机一样，你说什么他说什么，你做什么他就做什么。

父母切莫掩饰孩子过错

班主任：老师，我觉得还有一个情况值得各位家长注意，我们这儿有一个两岁半的小男孩，他张嘴就说，我要睡觉，我要吃饭，老师，我要那个，都是我要，你必须给我。

陈老师：伺候我。

班主任：对，这也会让他以自我为中心，他的欲望就会慢慢地滋长起来，两岁多就开始滋长，那他可能就不用像同学等到七岁就偷了。

陈老师：对。

班主任：可能他稍微懂一点就开始去偷了。

陈老师：对，所以你就知道人伦颠倒了，儿子呼，应勿缓，孙子命，行勿懒，完全和《弟子规》是调个的。那你说有什么不好呢？你得看到，受罪在等着你们呢，苦难在等着你们，所以这样的节目你能不看吗？能不学吗？

班主任：老师，您刚刚讲到湖南男生，他偷东西已经成性了，家里很有钱，然后当我们把孩子的情况跟他爸爸妈妈反馈的时候，爸爸很要面子，不愿意承认这些，结果是什么呢？孩子就很难改。

陈老师：对。

班主任：一年一年说这样的话，这孩子已经成性了。

陈老师：耽误了。

班主任：耽误了，所以说家长千万不要犯糊涂，说我爱面子，我不愿意承认，那么真的就毁了。

陈老师：这就好像孩子长了个大毒瘤，家长看着难看，就掩饰，越掩饰他那毒瘤长得越大，而且父母还不知道根源在他们身上，这孩子要想好，怎么可能呢？

班主任：是，应该从小就教孩子，《弟子规》上讲"事虽小，勿擅为"，你看很多孩子他偷东西无外乎是从偷糖果、偷花生米开始的。

陈老师：小东西。

班主任：慢慢地他会偷大的物品，偷钱，然后养成习惯了。孩子有这方面的趋向的时候，就千万不能让它发展下去。

陈老师：我告诉你，改不了，为什么呢？妈妈不在家，爸爸不在家，老人眼神不好，那哪盯得过来！

不劳而获，后患无穷

班主任：老师，孩子成为小偷还有一个因素——赌博。很多大学生一夜暴富，通过买彩票是最常见的。还有一种赌球，比如说现在世界杯，包括什么开球中奖，比如说股票，是不是也在教大家偷盗？

陈老师：凡是不劳而获，都叫占便宜，出一分力，得一分收获，自食其力，没出力得到东西这叫什么呢？不劳而获，都叫占便宜，占便宜都叫偷盗，难道不是吗？你刚才举的这些例子，社会上到处都是。家里大人打麻将，手边都放着钱，孩子都看到了，赌不劳而获。一个人常常怀着不劳而获的想法，你说这个人能是好人吗？将来能有好人往他那儿靠近吗？结交的都是恶人、小人，你想让孩子一生幸福，你家里有再多的钱都给你糟践光了。我们说的都是大实话，现在电视台不说这些话了，各个电视台刺激你欲望的，鼓励你不劳而获的。你看人家，就像你说的一夜暴富，谁还能安心老老实实做人？那不是像他们说的成傻瓜了吗？像你们这做义工，没有任何收入，一分钱没有，净付出，我们是做义工的，走到哪都让人家不理解，你们这是在干什么？为什么不赚钱去？你想一想，在这样的价值观横行于世的情况下，还可能有好人吗？这孩子不例外，他为什么现在变成这样了？伦理道德的教育，学校只教文化课、知识课，不教伦理道德。

班主任：孩子偷东西后，我们发现她在读书的时候就很难能够专注下来，她有什么表现呢？你会感觉她平常的眼睛都是贼眉鼠眼的，她看着老师。

陈老师：盯着你们。

偷盗心必生偷盗之相

班主任：最常见的是盯着老师，而且她是用眼睛斜着偷偷地看着老师，因为她脑子都用在怎么算计老师，怎么对付老师，怎么能偷偷地做某些事情不被人发现，所以她平常脑子里都是这些歪门邪道，就很难真正地静下心来读书。

陈老师：你说的这是最大的一个问题，杀生、偷盗、邪淫，这是身体上的三恶业。嘴上的是妄语、说假话骗人；两舌、挑拨离间；恶口，说话难听，讽刺、挖苦、骂人；绮语，花言巧语，这是嘴上的四种恶业。心里面贪嗔痴。大家一定要知道，为什么不要造这些呢？它会让你的心变坏，变坏之后你的形象就坏了。

班主任：而且孩子极度自私，她心里面没有父母。比如说，她是单亲家庭，她的妈妈没有工作，以前是靠打扫卫生照顾着她，现在送到我们这儿是求我们，说这孩子她实在是养不起，也供不起她读书。很多传统文化学校学费很贵，妈妈又想让孩子接受好的教育，但是又没有钱，妈妈是很不容易的，但是你跟她说这些她没有什么感受。另外她困了就自己偷偷睡觉去了，结果自己躲在一个房间里面，灯全部都关了，这大晚上的，所有老师、同学集体出去找，给大家都急坏了。

陈老师：她没打招呼？

班主任：没有打招呼，她自己困了，她就走了，回去睡觉了，不跟任何人打招呼，所以你会发现孩子心里面，除了她自己没有任何人，什么父母、老师、同学都没有。

陈老师：为什么孩子眼里只有自己？为什么自私到极点？欲望做主，这是根本问题，所以"诸苦尽从贪欲起"，你不要认为说我们家挺清贫，清贫家子弟也有贪心，妈妈是学佛的是不是？

班主任：对，妈妈学佛。

陈老师：我告诉你不管用！你看这孩子衣服上，背心写着"阿弥陀佛"，管用吗？不管用！你写她脑门上都不管用，为什么呢？她心是贪心，所以说现在很多学佛的家长，孩子都出问题了，为什么呢？没有基础教育，五伦、五常这些教育都没有，教给他怎么脚先着地，先别飘着，说什么可以背《心经》，很多家长都赞叹自己的孩子，他扭头偷东西，会背《沙弥律仪》也偷东西，所以说一定要让他做到，做不到你要惩罚他、教训他。"父母责，须顺承"，责是责骂和责打，你不管他，将来警察管他就来不及了，你不揍他可不行，不让他吃苦头，不把羞耻心打出来不行，现在都是溺爱，最后溺爱到监狱去了。所以说形式都不重要，一定要把孩子那颗心修成五伦、五常、四维、八德的心，让他做到，怎么做到？家长盯着，你别把他往学校一扔，往家里扔，那不行，那还是会教坏。

班主任：我们在这儿特别提醒家长和老师，千万不要只看孩子的表面。比如说这个孩子，我们最初见她的时候，很文静，很听话，乖乖的，而且会说话，特别会讨巧嘴巴，聪明伶俐。这样的一个孩子，很多家长、很多老师都会喜欢。

陈老师：我告诉你，老话"笨人做不了贼"，真的是这样，你的孩子越聪明你越要小心。

班主任：确实是这样的，所以对于这样的一个孩子，我们简直不敢相信她偷东西偷了两年，而且连老师也感觉不出来，甚至很难分辨她哪句话是真的、哪句话是假的。所以我们要提醒家长，平常看孩子，一定要很细微地去观察，包括他的眼神，他的一举一动。

陈老师：说实在话，如果父母欲望炽盛，你趴他跟前看也看不出来，心是迷的，眼睛不管用，眼睛只是器官，做主的是心，所以说父母心要安定、要清净，全都是为了培养孩子，这是最高理想。你越追求享乐越把孩子毁了。

孩子：听到了。

班主任：感恩老师！

第十七讲　孩子为什么偷东西（3）

莫以恶小而不耻

班主任、家长：老师好。

陈老师：大家好。我们前边两集节目《孩子为什么偷东西》，没想到是大众最关心的。这是什么呢？我们讲教育的失败。传统文化断了四代，它怎么能不失败呢？现在所教的知识都来自家里电视、网络，所以孩子们都被欲望主使着。他所说的、所做的、所想的都是为了满足自己的欲望。今天家长也在这里，那么您是做妈妈的，孩子在家里偷东西一直没有重视是吧？

学生家长：对。

陈老师：看到之后当时是怎么想的？

学生家长：感觉谁家的孩子都是这样。

陈老师：那么当您听到这孩子已经偷东西偷两年了，虽然偷的都是糖果、文具这些东西，您是什么感受？

学生家长：小铅笔、橡皮擦这些东西，时时就出现多一块、少一样的现象，我也就不在意了。

陈老师：我们今天看到，家长确实疏忽了。小的铅笔、水果糖，在我们看起来是小东西，在孩子看起来是天大的东西。他偷天那么大的东西，那就不是小事。所以说我们确实需要了解孩子的心理。这两个班主任都在这里，我想你们体会更深。孩子他念兹在兹，我们大人觉得是小事，他觉得是大事。大事对他的影响就非常大。换句话说，成年人偷个一万、两万要坐牢，那对于他是大事；其实对于孩子来说，跟那一万两万一样，为什么呢？这对他来说就是很重要的事。你这么想想，我们就不会再疏忽了。在他眼里，那一块糖就是一万块钱那么重要的事，对吧？

班主任：我们发现孩子满脑子都在想什么时间没有人能偷到东西，比如这孩子来我们这边有一段时间了，他偷了好多东西，几乎把整个学校都翻遍了。他的时间是在干什么呢？在大家都看不到的时候，他寻思着怎么去偷东西。我们观察发现，这孩子在读书的时候贼眉鼠眼，他的眼睛始终是滴溜滴溜转，始终是盯着老师。老师往前走了，他是一种状态；老师看着他了，他是另一种状态；甚至学长在他旁边，他又是一种状态。这孩子已经养成了习惯。

陈老师：是什么习惯呢？没有羞耻心的习惯。大家想一想，我们在这两集当中有个重点，要特别强调给家长，"孝悌忠信，礼义廉耻"，一个小小的东西都要告诉给他，"物虽小，勿私藏；凡取与，贵分晓"，再小的东西，不是你的不能动。动了，要知道那是羞耻的，那是可耻的。所以在这种情况下，他小的时候受过"耻"的教育。你看妈妈说得很坦诚，在我们看是小事，在孩子看是大事。实际上我们是在拿孩子的大事开玩笑，你就知道这孩子是怎么变成一个坏孩子的。原因是什么呢？在他那些一件一件的大事情上，我们没有告诉他善恶、是非、美丑的标准，这个太重要了。所以你看，"一物不予取者"，一件小东西，"不予取"偷盗。在这种情况下，家长要抓住机会教育，把那小孩叫过来，跪在这里，这东西从哪儿拿的？我们看电影《龙须沟》。

班主任：对。

陈老师：家里穷吧，小姑娘喜欢金鱼，哥哥从鱼市上偷回来了，妈妈什么人哪，多大岁数！一看，哪来的？人家送的，他怎么那么爱你？说！咱们家穷，人穷志不穷，她有尊严，这些都是对孩子最好的教育。

插播电影《龙须沟》片段

小妞子：妈，哥给我买条小鱼。

母亲：二嘎子，金鱼哪来的？

二嘎子：卖金鱼的给我的。

母亲：他为什么那么爱你？二嘎子，趁早跟我说实话。我们穷，人穷志不穷，我们可不能偷，把金鱼给人送回去。

陈老师： 小小的铅笔、一块糖，小不小？如果说在很小的时候就给他处罚，不要心疼他，跪在这里，给他两巴掌，让他感到疼，感到羞耻。学校老师也要这样。你看看那些同学，人家坐得端端正正，从小就是正人君子的样子。你再看你，天天贼眉鼠眼的，你都干什么了？你小的时候就这副德行，你长大谁搭理你。这些话都是爸爸妈妈、爷爷奶奶、学校的老师、校长教的，我上学的时候就听到过。现在不教了。中午不要吃饭，前边跪着去。你还有脸吃饭？手里拿着那偷来的东西，看着大家在那儿吃饭他受教育，他羞耻心自然就起来了。那你说小孩子他懂？懂！孟夫子讲"羞恶之心，人皆有之"，与生俱来他就有，看你教不教他。你一教他，它就出来；你不教他，它慢慢就蒙蔽下去了。最后怎么样呢？没有羞耻心。以至于偷父母的，甚至于公然害父母，希望父母早死，房子给他，家产给他。他为什么沦落为没有羞耻心的禽兽？人和动物最大的区别，人有羞耻心，动物没有。所以现在很多人在讲，当动物挺好，那真的是人类社会堕落、败坏、崩溃的信号。人道有人道的尊严，怎么经常拿动物、畜生跟自己比？那都是骂人的话，现在自己骂自己。所以说从孩子很小的时候就要给他讲，培养他的羞耻心。他天然本有羞耻心，让他一直保持。你说有什么好处呢？将来这孩子少灾少难。

莫因小事而不敬

班主任： 老师，前几天我听到一个同学批评一位比他小的同学。中午大家发水果，正好赶上有热心人士送来樱桃，在平常这些同学是吃不到樱桃的。这位学长就批评小同学说："你怎么自己拿这么多樱桃呢？这么好的樱桃，我们在吃饭的时候，学长不敢多吃，老师也不会多吃。你有多大福报你敢这么吃？这么好的东西我们先给长辈、先给老师、先给学长，然后才是我们自己。你敢吃这么多，你想不想好了？你是不是想把你那些福报都浪费光了？"旁边还有一位小同学，那位小同学当时生病，就把这樱桃放在他脚底下踩的泡沫板上。同学就批评他："这樱桃是善心人士送来的，是人家对我们的一片爱心。我们在学校享老师的福，才能吃到这么好的樱桃。你把它放在你的脚底下，毫无恭敬心。你怎么可以这样？"我当时听了就在想，我相信这些同学是绝对不会偷东西的。

陈老师： 这个同学多少岁？

班主任： 十四岁。

陈老师： 十四岁，你就知道，他这么小，他有恭敬心。我们要少吃，长辈、老师要多吃。他有礼让的心。十方供养来的东西，外边长辈送来的东西，不能随随便便放在脚底下，他有敬畏的心。换句话说，周围还没有人看到对吧？

班主任： 对。

陈老师： 里边没老师，是你偶尔听到，说明什么呢？说明他有羞耻心。他不是遇到警察了他才说这话，遇上父母了他才说这话。他自觉就能说这个话说明他心里边恭敬心、礼让的心、羞耻心，都起作用了。这三种心，孟老夫子在《孟子》里边恰恰都讲到了。敬爱之心、礼让之心、羞恶之心，人皆有之。说明什么呢？说明老师教对了。你们教出来效果了。常常提醒他，挂在嘴边，这个非常重要。不要认为孩子小，就把这疏忽了，错过了教育期，再教给他来不及了。无耻的心、不恭敬的心、跟人争的心都生起来了。恶心都生起来了，善心都被压伏住了。你再跟他说，他很难接受了，已经成习惯了。所以说在这种情况下，家庭教育、学校教育是孩子的基础，而教学的内容一定是"孝悌忠信，礼义廉耻"。"耻"是底线，从小就让他知道没有比这个再重要的，吃饭都不如这个，所以说不让他吃饭，让他跪那儿去。吃饭是一个人生命的保证，人不吃饭就会死掉，几天不吃饭都不行。为什么让他们罚跪，不让他们吃饭？告诉他们比你的命、比你吃饭还重要的是你的羞耻心。古人讲"饿死事小，失节事大"，这话不是专对于女子讲的，男子更是。所以自古以来，中国的男子、女人都把气节、廉耻看得比什么都重要，死都不能跟它比，为什么呢？中华传统文化，中国人的精神就在于此。所以你看古人讲那句话，"贫贱不能移"，再穷，人的尊严不能改变。"移"是改变、动摇的意思。古人不会伸手去讨好别人、去巴结别人，甚至偷别人！这是中国人的精神面貌。"威武不能屈，富贵不能淫"，乃自古以来中国人的精神。精神丧失了，那还叫中国人吗？灾难就开始了。你看现在好像是小小不言，等到长大了偷重要的东西、偷钱，偷这些东西的时候，那就该进监狱了，那灾难就开始了。你看你们家境不能算是很好的是吧？越是这种情况越要跟孩子讲"人穷志不穷"，志不短，这个太重要了。

无奈的家长

学生家长：其实我们真的是疏忽这些事情了，真的没在意这些事情。因为很多的家长和学生，都没有受这个教育，没有人去学，我们在书上看到的也比较少，所以说孩子会背《弟子规》，我们都学着呢，但就没有真的学进去。

陈老师：你看《弟子规》上讲"用人物，须明求；倘不问，即为偷"，确实会背，有的学校还会唱，但是唱完了下来继续干，继续接着偷，所以学了没用。我听说您学佛多少年了？

学生家长：将近十年了。

陈老师：十年，那孩子做出这种事情，您做妈妈的有什么感受？您学佛都十年了，学佛比学儒、修道还高！

学生家长：虽说是学佛的人，好像跟这个没有联系在一起。好像学佛跟孩子偷东西是两回事，就这样想的。孩子偷一根铅笔、小人书这些东西，好像很正常，因为其他的孩子也都是这样的。

陈老师：那么您在平时学佛的时候主要都是什么内容，怎么修？

学生家长：在前几年的时间就到处跑寺院。

陈老师：原来是跑道场？

学生家长：对。以前就跑道场，不知道什么叫学佛。跑道场，烧个香，跑个寺院，这就叫学佛了。

陈老师：对，"不先学小乘，后学大乘者，非佛弟子"。小乘是什么呢？你看这些小乘的经典，后来在中国确实慢慢地就没有人在修了。为什么呢？大家发现这些小乘的内容，中国的儒家、道家都可以代替，它讲的是一回事。儒家的是什么呢？儒家以《弟子规》为基础，再高一点的就是四书五经。先把儒家基础的做好，"非佛弟子"。所以说我们在家里做父母的说学佛，实际上根基没有，做父母的没有根基，那孩子怎么教？尤其是做妈妈的，妈妈太重要了。刚才我们讲了，你们家庭不是很宽裕的，尤其在西北，要告诉孩子"人穷志不穷"，出来一次事情妈妈就得让他跪在这儿，再出一次事情就得揍他。我们小时候都受这个教育，敢偷人东西，那家长大耳刮子就扇过去了，谁也不敢哪，就这么教出来的。可现在没有这种教育了，所以在这种情况下，这些孩子就可怜了，跟网络学，跟学校里坏同学学，最后等习惯成自然，你给他念阿弥陀佛都不管用。

学生家长：对，就这样。我就担心孩子过上几年，我就没办法了。幸好我就遇到了你们这边的学校，我就赶快把她送过来了，再过几年的话，孩子长到十三四岁，恐怕父母就没法管了。

陈老师：都学坏了。

学生家长：对。

陈老师：您在那边发现什么了，一定让孩子不要在学校上了，让她到传统文化学校去？

学生家长：以前她在家里边我管得比较严格一点，好像已经快成熟了的感觉。

陈老师：她回来跟家长说的都是吃喝玩乐的事、名牌的事，跟同学比？

学生家长：还不是。就好像孩子都已经到成熟阶段了，往谈对象这些都靠近了。

陈老师：谈对象？

学生家长：对。

班主任：她才九岁！

学生家长：九岁，他们班上有十一岁的，比她大两岁的，她回来就说，他们那个大两岁的同学是班长，我看到了，那个男的一来，她就趴到身上去了，背着她，而且我开家长会去看她穿的衣服特别妖艳，我都看出来了，我说再过两年我们的孩子肯定被污染了。

陈老师：那些学生搞对象？

学生家长：好像就偏向这边点。

陈老师：在你们那个地区，这种情况普遍吗？

学生家长：很普遍，初中、高中的学生，很普遍。

陈老师：那么作为一个家长，我们听到这种反映，不是头一个了，该怎么办？没有更好的办法，你说送到传统文化学校，传统文化学校哪一个是正宗的、正脉的？所以现在这是家长最痛苦的。我们觉得最好的方法是，这些妈妈们不要在外边忙着赚钱了，不要忙着去打麻将吃喝玩乐了，回归你的本位。家里的老人也要常常学习传统文化，在家里边你做好的老师，寄希望于别人，那未必能如愿，最好是在家里边把孩子教好了，不要让他受网络、电视这些污染。最最重要的是家长要先了解什么是传统文化，"孝悌忠信，礼义廉耻"，你看这多小的孩子，她所在的学校已经是这样的情况，同学们都在偷东西、搞对象！英国大历史学家汤因比老先生讲，拯救二十一世纪人类世界的只有中国的孔孟之道和大乘佛法。我想你们做家长的有体会，你们是最爱子女的，哪有说父母不爱儿女的？一定给她找一个好地方去，让她受好的教育。这次孩子偷东西的事情要引以为戒，你看这小姑娘，你一定要记得，毛病到此为止，再也不能犯了。长大了，人家一说这女孩子偷东西，手脚不干净，那你就没办法在社会上生存立足了。自然地就跟坏人凑一块儿去了，那些人也是坑蒙拐骗的，搞诈骗的，你也就凑过去了。所以我就讲，盗窃犯、诈骗犯从哪儿来的？小的时候学出来的，七岁就练，那练到十七岁，十年的功夫，那相当可以了。所以说，"蒙以养正，圣功也"，这是《周易》里的话。"蒙"是指在孩子小的时候刚发蒙刚懂事，就要教给他正，"蒙以养正"养他的正气，养人性本善；"圣功也"，没有比这再伟大的。这是跟谁说的？跟你们这些妈妈们讲的。"蒙以养正，圣功也"，事情只有妈妈能做，爸爸做不到，长辈照顾不过来，已经年岁大了，所以妈妈伟大、妈妈了不起。学佛不着急，关键是"不孝有三，无后为大"。所以有人就反驳，我分明生了三四个孩子，都是儿子，怎么叫无后呢，怎么叫不孝呢？我说你不孝，为什么呢？我说你生出来这几个孩子，有小偷、有诈骗犯、有忤逆父母的畜生、逆子，难道你这叫孝吗？你这家生了四个要债的来，你生了四个要命的来，你这叫孝吗？所以，"不孝有三，无后为大"这句话里的"后"，不是生个孩子就叫孝。这我们就听懂了，所以说小的时候说假话、骗人、偷东西，再小的事情都得要严厉惩罚他。我还是讲我们那一代，父母大耳刮子打过去，老实了，当时就记住，再也不敢了，这辈子不敢。所以从小他受过羞耻心的教育，长大了怎么会做坏事？人要没有羞耻心什么坏事都做得出来，这是底线。把孩子送到传统文化学校，绝对不代表说扔在这儿就不管了。父母还有没有占人便宜的心、偷盗的心？常怀盗心，凶灾就相随了，你的孩子就好不了，他偷东西的习惯、说假话骗人的习惯就改不了，为什么呢？父母常怀盗心，母子连心，父子同性，根源在父母这里。所以我们天天念佛，"不先学小乘"，不把"孝悌忠信，礼义廉耻"落实好，就是"非佛弟子"，这是佛说的。所以我们为了孩子，先要尽母亲的本分，没有比这再重要的。

德行教育为戒偷之根本

班主任：老师，您刚刚讲到，"蒙以养正，圣功也"。我们看古代的教学确实有它的次第，你比如说《五经》的基础是《四书》，《四书》的基础是《小学》。《小学》的第一步是明伦，先教孩子五伦关系，人跟人之间什么关系；第二个就是敬身，那敬身讲的是五常，仁义礼智信。孩子从小就接受这些伦常的教育，这些伦理道德的教育，他长大了就是正人君子，他就不会偷东西。现在社会教育，就因为缺失了这些伦常的教育，缺失了这些仁义礼智信、廉耻的教育，所以孩子才会偷东西，才会做出来这么多违背自己德行的事情。

陈老师：所以，教育比什么都重要，而教什么又是更重要的。现在我们好像是教育很发达，投了很多钱，不对！投的钱越多效果越差，什么原因呢？教的内容错了，教的内容不是伦理道德。伦理道德有什么了不起？人性的教育。"人之初，性本善"，他不是生下来就会偷东西，他怎么变成恶了呢？"苟不教，性乃迁"，教什么？保持"人之初，性本善"就教人性的教育。人性的教育都在五伦五常四维八德，谁教呢？妈妈爸爸教。妈妈爸爸学佛去了，不教了，那不行。所以我们在这儿要跟这些居士们讲，"身安则道隆"，你的家里边要先安定，身心不和谐，家庭不和谐，学佛没有意义吧？你说你孩子被抓进去了你怎么办？那是做人的失败。人失败了，你怎么能提升一级到佛、菩萨的境界？所以说还是要回归到本分，这个是最重要的。所以我们借今天的节目，你们母女两个能够站出来忏悔，消罪业，长福报功德。天下人因为你们的忏悔受教育了，这是你们修的大福报，把自己的罪业忏除掉。真正的忏悔后不再作，记住没有？

学生：记住了。

陈老师：女孩子长大了，让人家说手脚不干净，她就没法做人了。一定要记住。你这么小，九岁，路还长，真的走投无路的时候，去学坏了，万劫不复，进入三恶道。你说说妈妈学佛有什么意义？所以我们这期节目很受教育，无论是家长，还是学校的老师，还是我们社会、电视、网络这些教育，统统都要反省。这是西北偏僻农村的普通家庭的一个孩子，她今天已经被污染成这样了，那你说说，县城里、大城市，那污染还了得！这是我们国家和民族的未来，怎么办呢？刚九岁。这是因为父母，妈妈学佛，她觉悟了。那一般人你跟他说这他不爱听，偷东西有什么了不起的，跟你有什么关系？这算是碰上明白家长，今天还有更多的家长不以为然，认为都是小事，你说怎么办？所以今天中国青少年犯罪，几十年了持续增高，为什么呢？几十年的教育失败了，家庭教育失败了。所以我们今天看节目，不仅仅是一个像法制教育，是德制的教育。我们大家非常感恩，基础就在家庭教育，然后学校教育、社会教育、宗教教育，人生圆满的四种教育。孩子有福报，她这么小，犯一点错误，马上就有人纠正她，有的人进了监狱还没听说过《弟子规》。所以在今天，全世界弘扬《弟子规》、弘扬传统文化，这是当务之急，我们希望能有更多的人来弘扬传统文化，更多的人看到我们节目。好，谢谢大家。

第十八讲　为什么和父母不亲（1）

父母子女无代沟

班主任：老师，我们《教孩子的学问》栏目已录了十七集了，现在全国各地的观众都在观看节目，非常受益，大家都非常欢喜，也希望我们能有更多的这样的节目给大家看。

陈老师：我听说台湾的观众自己花钱做海报，把我们网站的节目在台北、高雄地铁里登出来，让大家都看《教孩子的学问》《向师父求教》这些节目，天下为人父母想家庭和睦的都想看。

班主任：是，老师，下面我们接着向您请教问题。我们发现有一个现象，很多的孩子跟父母不亲。我们看到小到两岁半的孩子跟自己的父母不亲；那八零后、九零后，像我们这年龄是最严重的，跟父母之间有隔阂；现在大家都讲有代沟，好像没有办法沟通，像我父母的年龄，五十多岁了，好像跟自己的爸爸妈妈也不是很亲。我们就想请教老师，到底是什么原因，为什么孩子跟父母不亲呢？

陈老师：原因有很多，比如你刚才提到代沟，在我那个年代，就我十几岁的时候我就听到这个话了。我那个时候跟父母好像也不亲，什么原因呢？常常看书、看电视，报纸上都登，专家说的有代沟，他一说有代沟那真有代沟了。我们看古书、看中国历史，我们五千年的文明从来没有过这两个字。你再看看《二十四孝》，父母跟子女那种亲，不是说搂搂抱抱喂口饭，是深入到骨髓、深入到生命那种亲。我们再看《二十四史》，忠孝节义，尤其是孝字，清朝都有《孝子传》，不是二十四孝，太多了，你去看，没有不感动得落泪的，那是什么呢？"孝悌忠信"，我们中华民族的精神，民族的命脉在千家万户体现出来了，在我们中国人身上表现出来了。有代沟"孝悌忠信"就没有了。有代沟吗？这都是西方的观念，专家学这个，他的观念都是西化的，他再教中国人，我十几岁就受这个影响，你想想，那是改革开放之后，三十多年了，我们都受这个教育过来的。那是科学的，那是正常的。你怎么跟父母没代沟呢？你不正常。所以把人都教坏了，我想这是头一个问题，把"孝悌忠信"破坏掉了，他耻于孝，耻于敬，你对父母、对老师长辈这么有礼貌，大家笑话你。从什么时候开始起？从五四就开始了，一百年前就这样，认为那是什么呢？压迫子女，压迫学生，应该讲平等，这就西化了。所以说中国人经过这一百多年的洗礼，对孝敬完全没概念了，你那样做出来大家觉得很奇怪，什么是正常的呢？砰把门一关，闺女、儿子不理父母这是正常，电视里边也这么教。家长去找心理医生，不要说孩子有毛病，他自己心理都出问题了，他说自己都快疯了，这样的家长太多了，以泪洗面。我们就知道价值观决定生死，我们中华民族千家万户，从来没有出现过这种情况，我们一直生活得很幸福，不管是富贵还是贫贱，家家户户都安乐、幸福。现在好像物质生活都很好了，却很不幸福很痛苦，头一个痛苦就是父母跟子女没有过去那种亲切了。

班主任：确实是这样的，老师。我记得是在我念书的时候，经常听到学校的老师跟家长做沟通的时候讲，特别是现在很多专家也在讲，说你要给孩子空间。比如说孩子心情不好了，你要给他空间，你不要打扰他；比如说孩子他有写日记的习惯，那做父母的绝对不能偷看孩子的日记，孩子有哪些爱好，做父母的也不要去拦。

陈老师：我告诉你，专家所讲的这个，终归一句话就是人权，孩子有孩子的权利，他是一个人，他有他的人权，这是西方人的观念。我听说是在美国吧，中国的妈妈教育孩子，不听话打屁股，隔壁给报警了。还有什么情况，我们听了那都以为是电影，过去有个电影叫《刮痧》，最近真出来这么个事，妈妈给那孩子刮痧，败火，这中医我们都知道，到学校老师一看，说你这后背青一条紫一条的，报警了，跟警察怎么讲警察也听不明白，把妈妈跟孩子强行隔离开，将孩子强制监管，父母没有权利再管了，为什么呢？虐待儿童，你说你怎么办？通过这个就能看出来，东方的文明和西方文明是两回事。我们今天丧失自信心了，彻底要我说从鸦片战争开始，割地赔款那是小事，最大的失败是什么呢？是民族的自信心被打垮、打掉了。中国人自信心没有了，处处都看西方的，你说这话谁说的？大家去看《鲁迅全集》，他就讲：我劝今天的年轻人少看中国书、不看中国书。当时五四有一大批这样的学者，他们在社会中的影响太大了，他们讲什么呢？汉字不灭，中国必亡。有一批这样的学者，胡适是第一个，他是完全西化的，他到北大当了教授培养出来的学生，把很多的这些年轻的精英都改变了，改变成什么了呢？处处以西方人的观念为标准，一直到现在都没改。你刚才提这个问题，父母跟子女不亲，有根源，你看西方，你看美国，他们父母跟子女就不亲。我们有老师，认错了老师，你将来掉沟里谁都不要怨，你看看他们教给的都是什么？十七岁以后他就不归你管了，大家各过各的，儿女结婚了给父母寄一张明信片，那父母就很高兴了。所以说我们把中华民族的命脉、民族的灵魂、价值观抛弃掉了，"孝悌忠信，礼义廉耻"这些都不讲了，都不讲之后那就开始家家户户都受罪，他不知道这些东西首先是维护家家户户安定和谐的。那你说西方人靠什么维护？靠宗教，美国人靠宗教，这我们都知道。在中国，儒家其实就跟宗教的作用是一样的。你看"孝悌忠信"，孝字开头，跟佛经上讲的"孝养父母，奉事师长""三世诸佛，净业正因"，"净业三福"头一福也是"孝养父母"，一样的，跟佛家的小乘一模一样，跟道家的《太上感应篇》也是一样的，我们不讲道家、佛家，儒家的也抛弃掉了，西方人还有个信仰、有个宗教，中国人是什么都没有了，然后把西方的糟粕学来了，你能不受罪吗？这就是什么呢？总的来说是一切灾祸的根源，表现在家里边是父母跟子女不亲，社会上的乱象总根源都在这儿，总根源出了问题，社会上哪个地方都出问题。所以你看这一棵树，果实枯萎了，果实烂掉了，你在根上去找就知道了。所以你说像你妈妈、爸爸，五十多岁的人，跟自己的老父母都不亲近，什么原因？传统文化断了四代以上，断了一百多年，他不知道传统，没人教，再加上西方这些教育理念、这些流毒，多少年来都讲这个，所以孩子就认为父母是无知的，我跟你有代沟，我不理你，我关上门，门口写上闲人免进，他认为那是正常的。专家再告诉父母，你最好能给你的孩子跪下磕头才好，你应该向他认罪，这都是专家教的。老师应该给学生低头，应该给学生赔不是，你错了，讲平等，你说你怎么教他？他能对你有恭敬心吗？没有恭敬心是什么都学不到的，那他怀疑你，他看不起你。

人权之始，乱象根源

班主任：老师，我不知道在您那个年代有没有孩子离家出走的？

陈老师：没有，我十几岁的时候是二十世纪八十年代，从来没听说过，也没听说过谁自杀。我再给你们讲，那个时候得癌症的都很少。

班主任：现在的小孩子离家出走的有很多，现在的成年人不赡养父母的也很多。

陈老师：我告诉你们个新闻，前几年我看到报纸上写，清华大学的教授跟家里吵了架，离家出走，找不到，最后警察动用几百号人上山把他找着了。高等学府的老师，为人师表，都离家出走，吵一架就走，中学生、小学生都这样，你就可想而知了，家长能不认为是正常的吗？什么原因呢？都是教出来的，这些西方的观念把我们的家长、孩子、老师全给教坏了。说实在话，我们小的时候还有一点遗留下来的传统余韵，我们犯错误了，班主任就打手板，我记得特别清楚。现在专家对父母说不能打孩子，不能用这个方法，你得跟他交朋友，用你的话不能批评、尊敬他，用现在这个教法，孩子跳楼的跳楼，自杀的自杀，有心理毛病的，什么事儿都出来了，父母、老师就说管不了。我们认为这个很正常，我们这年代人四十多岁人哪个不正常？都很正常，没听说老师打完、父母打完之后自杀，敢说试试？父母给你养这么大，你不是人了，啪给你个大嘴巴，谁敢？没人敢，我们那个时候在学校挨完打回家不敢说，怎么弄的？没事，摔的。其实老师打屁股打的。为什么呢？你说出来，父母还得揍你一顿，父母还得找机会带着你到学校去感谢老师，我这孩子就全拜托老师了，孩子调皮捣蛋，你多费心了。

班主任：现在是完全相反的，现在是如果说老师打孩子的话，那家长会去告老师虐待孩子、虐待儿童。

陈老师：虐待。

班主任：体罚不可以。

陈老师：不可以，你们看，国家教育法好像有明文规定，不可以体罚孩子，你要体罚了就是犯法。老师也要养家糊口，他到这儿来工作一是教书育人，二是他自己要糊口，他不能为了让你改毛病，打你一顿，你毛病好了，他被开除了，他没法生存了，法律不保护，法律保护孩子，犯错可以不挨打，不挨打他能好吗？我们这一代往上哪有不挨打的？在家里哪有父母不管教？我们都很健康，都很正常，没有任何心理疾病，现在你宠着他，什么毛病都来了。现在父母面对孩子这些乱象，什么毛病的都有。父母和老师、学校和家长束手无策，不知道该怎么好。

苟不教，性乃迁

班主任：请问老师，到底为什么子女跟父母不亲呢？

陈老师：我们刚才讲观念错了，还有没有原因？还有！没人教了，此话怎讲？你看，"五伦"，中华传统文化核心的所在。"五伦"，它是天道、人道、自然规律。"五伦"的头一个叫"父子有亲"，它是一切的原点，包括后来"长幼有序""夫妇有别""君臣有义""朋友有信"都是从"父子有亲"生发出来的。"亲"，是无条件的亲爱，"爱"是什么呢？爱护对方，它不是让你爱我，那不叫爱，"爱"是指爱别人。"亲"是什么呢？"亲"是你身体所有的能力，佛法讲"六根"，真是最圆满的科学。哪六根呢？眼睛，你能看父母，父母能看你；耳朵能听；鼻子能闻，这家里小宝宝身上味道不对了，你看，他鼻子能闻；口能尝；身体能触摸；心里能想。人六种能力，全部都用在他身上，父母用在子女，子女用在父母，这叫什么呢？父是父母，子是子女，"父子有亲"，记住了是"有亲"，他不是没有亲，"有"是什么意思？天然本有，大家去体会，本来就会，你不要说人，你看那小动物，小猫见到妈妈在那儿，你说它是不是因为饿的？你看它吃饱了奶它还在它妈妈那跟着蹭，它妈妈走哪它跟到哪，为什么呢？跟人一样，这是什么道理呢？我曾经跟大家讲过，它是自然规律，父精母血是你生命的来源，你在妈妈肚子里坐胎十个月，父精母血在供养你，尤其是妈妈，所以孩子跟妈妈最亲。父母的血肉，尤其是妈妈的都给了你，实际上你就是妈妈身上一块肉。大家民间总讲这个话，那自己身上掉下来的肉，自己的骨血就这个意思。说白了，两个肉体其实是一个肉体，生出来之后就分开了，一个肉体分成了两个，它要互相找，为什么？它是同体的，它是天然的，我们大家好懂，同气同味，气味都一样，所以说"亲"是有来历的，"有亲"不是随便加个"有"，天然本有，那不能随便我们想象这么说，它是一体的，你看人婴儿的时候，他对父母的那种亲是自然的，那个叫什么呢？"五伦""五常"，它是正常的。所以从小子女对父母的那种亲爱，你看他那六根都摄在父母身上，他就老盯着妈妈，妈妈走哪儿他就跟着追到哪儿，是不是？人人如是，难道谁教过他吗？没人教他，你让他分开，他就哇哇大哭，他痛苦。我们到这儿就听明白了，这是人正常之道，正常的样子，正常的跟父母的关系。换句话说，"父子有亲"是天道，是最伟大的科学，自然规律，人人本有的，没有一个例外。所以古人讲，天下无伦外之人，说我们家孩子例外，在"五伦"之外，不可能，你明白道理，我们就知道正常的该是什么样子。"人之初，性本善"，善是什么意思？他怎么跟父母那么亲爱呢？本善，"本"天然的意思，它本来这么好的，《三字经》下边那句话太重要了，"苟不教"，你看他人性好，你要是不教育他，"性乃迁"，他可就要变质了。所以《三字经》头两句话讲的是什么教育？人伦的教育，父子有亲的教育，让他保持到他人生的终了，不是说你说到五十岁就跟父母不亲了，那是错的，现在不是五十岁，现在用你们看的情况，两岁多跟父母就不亲了，说明什么？违背《三字经》。第二句话"苟不教，性乃迁"，他变了，他跟父母不亲了，什么原因？"苟不教"，你没教育他。我们疏忽《三字经》了，极深的道理古人用儿歌把它唱出来了，全世界独此一家，只有我们圣人能有这种本事，不是很深奥，谁都听得懂，我们小孩子都懂。所以"教"指的是家教，你不能说这孩子刚一两岁你给送学校，没那事儿，都是在家里教出来的。换句话说家里的长辈要内行、要懂，爷爷奶奶、外公外婆、爸爸妈妈都要教孩子，有一个破坏了教育这孩子就会受到影响，你说得多难！

班主任：老师，现在的孩子为父母做件事情，家长都会说谢谢你。然后想照顾照顾姥姥，不用，不用，不用，我照顾你行，你照顾我不行。还有的家长学了传统文化想改变，照顾老人，但是孩子就说，你这样的话我爷爷奶奶接受不了，你这么照顾他，这么无微不至他不习惯，你不要这么做了，现在是这样的。

陈老师： 据说爸爸妈妈照顾爷爷奶奶，孩子都看不过去。

班主任： 对，爷爷奶奶不习惯。

陈老师： 对，不习惯，伺候他习惯，他在家里边当小皇帝是习惯的，把人都教坏了。计划生育政策之后一孩化，家家有个小皇帝，同时传统文化又被打倒了，全赶一块了，他的想法是从打小一直到老，你们这六个人，爷爷奶奶、爸爸妈妈、外公外婆都得伺候我。畜生怎么来的？你还指望他跟你亲？你稍微对他有一点照顾不周到，他就要发脾气，摔盘子打碗，他就要你的命，要不了你命他就自杀，这是你想要的孩子吗？这是你想要的结果吗？我们现在都很任性，老人、父母都任性，由着自己性子把孩子当成一个小玩具使劲惯着，你这么惯他是在害他，你害他有报应，他将来会害你，所以这期节目非常重要。我们希望天下的成年人，十几岁的人也要看，太重要了。我曾经在传统文化学校里还做过一个实验，这个实验对学传统文化的人来说也非常重要，让大家明白不要变成书呆子，我们在下一期节目给大家详细地讲。

第十九讲　为什么和父母不亲（2）

子有亲是父母教出来的

班主任：老师，在上一节课当中，我们请教您为什么现在子女跟父母不亲了，您跟我们讲到，很大的原因是失去了教育，这是现在家长普遍很痛苦的一个问题，孩子跟自己不亲了，但是怎么样的教育才能让父子有亲，恢复这种天然的亲爱呢？

陈老师：我们已经找到了父子不亲的原因了，是失教，教育丧失了，那么是什么教育丧失了呢？头一个，我们现在不会做父母、不会做长辈，我们照顾孩子、伺候他，那是在他很小的时候，他不会走路，那你不照顾他他怎么办呢？养育之恩就在这个时候出现，那真叫一口一口喂大的，那么等到他稍稍地明白事情的时候，就要常常给他念叨父母、长辈跟他是什么关系。从小东西上开始，饭菜摆上来了，你看这孩子才一岁，刚刚会走路，刚刚会咿咿呀呀的，这好吃的苹果先给谁？你看那小手张过来，先给父母都不行，先得给爷爷奶奶，从小就教，他印象极深。大家看这个动作，把好吃的放到爷爷奶奶、父母的面前，这是什么？子有亲。我刚才讲，它是一个肉体分成两个肉体，它往一块凑，你要让他往你跟前亲近，给他尽孝的机会，你不能把这两个肉体给它隔断。什么叫隔断？我不需要你照顾，不需要你伺候，那完了，你净追着他去了，肉体本来是一个，但慢慢地小肉体跟你的肉体就失去了灵感，失去了灵气。我们上期节目说得很清楚，他老追着你，光追着不行，还要有亲。亲是什么呢？亲是爱，让他来爱你，让他来亲你，怎么亲？六根都摄。吃饭，妈妈也喜欢吃这个菜，怎么办？就问他。他一岁，你看那小胖手拿个勺子，这给妈妈，让他时刻保持一体的状态。一体有多亲，虽然你看着是两个肉体，但是它是一体的状态。父母长辈在家里去教，你时时刻刻让他保持他对你们的那种亲近，六根都在你们身上。"人之初，性本善"，性，人性，他天然就跟你亲切，就喜欢你，甚至有时候没什么事情，他就愿意在妈妈怀里或者在爸爸怀里，就这么看着你，他愿意闻你味，为什么呢？陌生人在六根上不如一体的亲。所以说你总提醒他，他就知道，他自然就能做到。这就叫孝道的教育，"父子有亲"的教育。现在是什么呢？父有亲，就父母对他可以百般呵护，但是爱之无道，里边没有人道，没有人伦，净是由着性子溺爱。

班主任：教孩子自私。

陈老师：教孩子自私，告诉他什么呢？你很重要，我们亲近你行，我们照顾你行；你照顾我没那事，也没那机会。所以你就把人道给破坏了，一定记住是"父子有亲"，双方都有亲，你给他隔断一个，叫破坏自然规律，自然规律会惩罚你，那孩子不懂孝道，他跟你这点亲情被你破坏掉了。大家一定要记住，子女对父母的这个亲爱，不是在那儿搂着脖子亲，怎么爱你？你所需他都给你，所谓"亲所好，力为具"，那叫爱。打个比方，我这很痒，手跟脸是一体的，虽然手在这儿，但过来了，这就叫爱。"亲所好"，现在需要，"力为具"，这脸就是父母长辈，这手就是子女。我们大家想一想，如果这个人脸痒的时候，他总让别人给挠，自己有手不用，手的功能最后就废掉了，子女也是这样。所以你要常用，常给他机会，这就是教育，让他时刻保持跟你的一体关系。一定要记住，这不是强加上去的，他本来就这么亲。你只不过让他始终保持下去，这是家教的目的。我们大家就听懂了，道理懂了怎么做呢？一岁的孩子懂事了，有点自理能力了，去把那毛巾拿过来，自己跑去了，拿过来往这一放，他知道这是正确的，是非观念就从这建立起来的。好了，第二次，天气真热，这孩子没反应，去把毛巾拿来，给爷爷拿来，哒哒跑过去拿。第三次你说天气真热，他自己就去了。孝子就是这么教出来的。现在，你去问问这些孩子，你说天气热，把你热死了他没反应；天气热，你把毛巾给我拿来吧，你得把毛巾给他拿过去，成你孝顺他了，还是父子有亲，子有亲没了。所以我这是讲到根上了，你们问那个问题，普天之下为什么子女和父母不亲了，就是这个原因，从小"苟不教"，他"性乃迁"，他要是没教育还能做到，那怎么可能呢。所以一定要知道，教育太重要了，要不厌其烦，那你们会问在家里谁来教？

班主任：妈妈。

陈老师："男主外，女主内"，这是《易经》里讲的。男的在外边到处奔波忙碌赚钱，养家糊口，养活这一大家子人；太太在家里相夫教子，把家里的老人孩子照顾好，有人养有人教，这是她的使命。现在妈妈都出去了，孩子交给保姆，保姆能教吗？这不可能的，她哪儿受过这么好的教育，保姆把孩子交给电视，电视里那些节目，那把你的孩子就教成小魔王、小魔鬼了。长辈更不知道，我们讲传统文化断了四代了，现在爷爷奶奶哪儿懂这个，小祖宗你别动，你就给我坐这儿，把那饭菜都预备跟前来。

有什么样的妈妈，就有什么样的孩子

班主任：老师，我们还发现一种现象。孩子在家里妈妈也教他，也问他有苹果了先给谁吃？先给长辈吃，但他还是自私的。有的孩子只动嘴皮子，比如说中午了，说老师今天辛苦了，请老师去用午餐了，他知道说，但是没有任何感情，是麻木的。

陈老师：走过场。

班主任：对。

陈老师：我告诉你，在家里边一定要记住看谁能看出来呢？妈妈！她不是在家里炒股票，不是打麻将，不是出去买名牌，那都不是当妈妈的。应该怎么着？学怎么教育孩子，就我们这课她们要看。看完之后她变成内行。所以说过去女子出嫁之前都懂，中国最重视的是对女子的教育。我们先祖知道女子教好了，后代都教好了，代代都出孝子贤孙，有了孝子就会有忠臣，"求忠臣必于孝子之门"，古来一直都是。孝子没有了哪儿来忠臣？所以没有好官，原因就在这里。他连他父母都不爱，他说他爱人民、为人民服务，你相信吗？所以说孝子是基础，孝子哪儿来的？由千千万万个妈妈教出来的，千千万万个妈妈是没出嫁之前千千万万的女子，所以中华民族对妇德女道的教育最重视。

班主任：印光大师对女子教育也有一段开示，老人家举了一个例子。他说母亲是模具，孩子就像一个模具的模子一样。

陈老师：对。

班主任：她教出来的孩子就是加工出来的产品。

陈老师：换句话说，有什么样的妈妈就有什么样的孩子。

班主任：是。我们也发现除了言教，身教其实是更重要的。

陈老师：对。

班主任：很多妈妈在教育孩子，你要给我做事情，你要孝顺我，你要听话，但是孩子就问妈妈，说你为什么对爷爷奶奶不孝顺，你为什么对姥姥不孝顺呢？

陈老师：所以说你看这孩子小，他看得明白，你可别觉得他小他不懂，他都明白，他就会问，妈妈做的是相反的，所以父母要先做到。你虐待长辈，你想要一个孝子贤孙那是做梦。

班主任：所以很多小孩子，有的时候妈妈没有去教他，但是妈妈做到了，孩子看到了自然就学会了。

陈老师：对，身教重于言教。你的孩子为什么跟你不亲？你要先问你自己，你们夫妇俩对老人亲不亲。那应该怎么办呢？男女老少，从官到民，一切人等都来学，都来补这课，光一代补不行，一起补。所以说我们要知道，孩子很小的时候要给他机会，他成了习惯，当他不那么做的时候，家长要告诉他，过来，跪这儿，知道今天哪儿出错了吗？爷爷奶奶在的时候父母不敢这样，怕爷爷奶奶长辈心情不好，看着孙子跪那他难过。晚上休息之后，屋门一关，跪这儿，父母训斥他，今天我说两遍天气热，为什么不知道拿毛巾，你看给爷爷热成那样。这么教怎么能教不好，那孩子所有的灵气、聪明都用在怎么爱长辈上。现在是倒过来的，都太灵了，你这样的事情没给我做到，晚上睡觉之前那父母估计差不多都得跪那儿，今儿你这事没做到，小姑奶奶训话了，将来还想好？你们俩非让他给气死不可。所以说我们要懂，古人讲当面教子，如果家里爷爷奶奶、外公外婆暂时接受不了，那要回避。一般情况是什么呢？当面教子，人越多越骂他，从小让这孩子养成什么习惯呢？"父母教，须敬听"，西方人教人权是培养孩子的虚荣心，从小培养孩子自私自利，我最重要，当着这么多人怎么能说我，我面子上下不来，你看他这么小他就想这个，他长大你还能教得了？越有人越在那跪着。我听说有个传统文化的老师，今年快四十岁了，女老师，她妈妈是老师，她现在还记得小的时候做错事，在马路边正走着走着，跪这儿扇自己嘴巴。女老师现在还很好，人的德行很正直，哪有什么现在专家学者说的精神疾病、心理疾病。一定要记住，中医有句话叫"药来病挡之"，这句话大家要听得懂，药要给正常人吃，那准出问题，那为什么病人吃这么重的药，甚至有的里边有毒性，他吃了没事呢？药来了，那病在那挡着，这碰到一块就化了，用中医的原理说它就化了，所以是以药性来化病性。打骂训斥都是因为孩子有毛病，打骂训斥就像药一样，这孩子有病，他这一碰到就化了，毛病没了。所以说罚跪、打手板、打屁股，我们长这么大都这么过来的，中国人世世代代都这么过来的。现在不让了，换句话说有毛病不让吃药了，那你能给他救好了吗？你还救不好，咱们得要救孩子，教训孩子不能胡乱来，现在很多家长乱来，由着性子，那是完全错误的，所以家长一定要明理，明白人当面教子，那孩子真不敢，他知道父母是天。有的家长会提这个问题，孩子也会问，那如果要是教错了能不能反驳？不能，不能反驳，"父母教，须敬听"，恭敬心是无条件的。有家长就担心，那会不会出问题？不会出问题，你对传统文化不了解，你才会问问题。刚才你们讲看日记的问题，现在孩子都知道，家长不许偷看孩子的日记，换句话说，孩子可以有秘密，可以有私心，可以有背着父母的事情，我这么说对吧？

班主任：对。

陈老师：西方人讲人权，把孩子都教坏了，《弟子规》教什么？"物虽小，勿私藏；苟私藏，亲心伤"，这话太深了，你跟父母不能有私心，有点什么东西不给父母看，有点什么私事背着父母，不可以！为什么呢？你跟父母是一体的，不能有二心。西方人讲权利，他不懂一体，他只讲争权夺利，那是外行，我们全是上了外行人的当了。

班主任：老师，您说到看日记的这个事情，我们上初中的时候就开始用带密码的日记本了。

陈老师：带密码的日记本？

班主任：对，带密码锁的，你必须把那密码给它摁对了之后，这日记本才能打开。

陈老师：像保险柜一样？

班主任：是，还有是带锁的，一个小钥匙我可以随身带着，我不能天天背书包里。

陈老师：这都是商家，琢磨孩子的心理，配合孩子，配合学生们，卖钱，帮助你们。

班主任：甚至还有的学生，他防着家长，他在日记本里，比如说加一根头发或者粘一个什么东西，只要有人打开过，就会比如说头发就掉了，或者粘的东西就移动位置了。

陈老师：这些做法都是过去解放前间谍用的办法，反特务的，怕敌人搞破坏，父母和子女是什么关系，敌人的关系？间谍的关系？防备的关系？什么父子有亲？你看这么小就把父母当贼来防着，敌对的关系，对立的关系，时时刻刻防备着你。这都是西方人观念的影响。你就知道西方的价值观把人伦、把人性、把一个家庭破坏得有多深。我听说电视台也在大力地宣扬，你们要尊重孩子，不能破坏孩子隐私，他有隐私，隐，不让你看见，私，私心。

插播新闻报道：

此外，《重庆市未成年人保护条例草案》还对保护孩子们的隐私进行了明确的界定，除了日记和信件，网上聊天记录和手机短信在草案中也被纳入了隐私范畴。据记者调查，目前大部分小学三年级以上的学生都有自己的QQ号，平时主要是和同学聊天，孩子们当然也有自己的秘密，不希望被大人看到。相关法律早有规定，任何组织或者个人不得隐秘、伪弃未成年人的信件、日记和电子邮件，采访中很多家长都表示要尊重孩子不偷看孩子的隐私。

陈老师：从小培养他自私，以人权的名义、以权利的名义，人都比较自私，西方人崇尚自私，天下为公，没听说过。所以你就知道子女和父母为什么不亲了，就从你们七八岁给日记本上锁开始，就已经不亲了。看看你的日记就得要死要活的，那将来要是让你拿钱供养父母那还不得要命，所以今天打上法庭正常。我听说有个什么新闻，那老妈妈告子女不赡养她。

班主任：九个子女，没有一个赡养的。

陈老师：为什么？在小的时候就培养私心，我总说六个大人伺候他，那就是天天在培养他私心；如果他从小伺候六个大人，那就是在培养爱心、公心，谁不喜欢！谁喜欢自私自利的人？西方观念鼓励自私，所以现在社会人跟人冷漠，跟父母都冷漠。媒体助纣为虐还宣扬自私有理，父母也是觉得理亏，觉得自己理屈词穷，没话说，由他去吧，暗自落泪。这一百多年来，那些专家、学者自发地学这些东西，把老祖宗的抛弃掉了，那就有罪受。所以不能小看《弟子规》，一点点事情都不可以，我去过传统文化学校，传统文化学校的学生也写日记，老师要看，跪在地上双手捧着给老师看。这孩子有心理疾病吗？这孩子有毛病吗？比外边社会那些孩子健康太多了，外边的孩子，你越给他讲这些，什么人权、他的自由空间、你得尊敬他，你越给他讲，他毛病越大，为什么呢？那种教法是破坏"父子有亲"，破坏一体，破坏无条件的亲爱，有私心了！好的教育是什么呢？一直到人生的终了跟父母都没有二心，都没有私心，他怎么可能像现在跟父母还争财产、告上法庭！一点点小东西都不敢背着父母。

"物虽小，勿私藏"，一个小东西都不敢藏，更何况钱？我的父亲母亲对我影响很大，一直到唐山地震，我的爷爷奶奶过世了。到那之前，我的爸爸开工资，月月交给奶奶，奶奶就拿过来。这是什么呢？"物虽小，勿私藏"，一家三口生活费五块钱，夫妇俩带一个孩子，剩下全部交给老爸老妈，一直都是这么做的。所以说，跟父母没有私心、没有二心，这是什么？孝，你看孝字怎么写？上面是个"老"，下边是个"子"，什么意思？一体为孝，这两个合在一起是个孝字。换句话说，你上边没有"老"，你孝字就不存在，你跟谁孝去？

班主任：老师，其实很多的老人并不是说想要儿子或儿媳妇的钱，比如说老人看到别人家的儿媳妇有一个很漂亮的大衣，就拿自己钱给买了个大衣，回来给儿媳妇，其实这种爱是互相的。

陈老师：我告诉你，这叫天伦之乐。你看，那儿媳妇给婆婆买了一件她喜欢的衣服，一转身，婆婆又从柜子里拿了一个儿媳妇喜欢的东西，刚给她买的。你说大家在一起，幸福没法用语言表达，它是心里的一种感受，外人看了会羡慕嫉妒恨，人家怎么这么好？父子有亲是父有亲、子有亲。只有一方，那是违背人性的，家庭准不和睦，所以你要想将来有孝子贤孙，能家庭和睦，从小就得教他，别什么东西都是往自己那划拉，一定要养成习惯，什么东西先给长辈、先给父母，从小就教给他，这叫家教。家教一旦养成，代代相传。说实在话，邪的、歪的、恶的，你们家都感召不来。《周易》里讲"感召"之理，我专门有讲座给大家报告过，你是这样的人，你将来找对象，凡是不符合这个条件的你都不入眼，你跟他没话说，不是同类，不发生感应，没有感召的结果。所以你家里感召来都是好的，所以好人、好女婿、好儿媳妇从哪来的？你家里的孩子好。所以一定要明白向内求，结果从哪里来？家教教出来的。今天举世最缺的教育就是圣贤教育。我看过一个新闻报道，两个老人的孩子不来看，老妈妈很难过，我印象特别深，她在镜头前欲言又止，觉得人生活着太没意思。

孩子和父母不亲的原因

陈老师：我相信像这样的家长太多了，我们要问为什么。为什么？今天这节目把它说清楚了。

班主任：前一段时间我看有法律规定，子女必须得一个月、半个月看一次自己的父母，现在已经用这种方式来强制了。

陈老师：我告诉你，不管用。为什么呢？他不来老人还能多活两年，他本身带着气来的，本来他不想看爸爸妈妈，可迫于法律规定只能来，那他能有好脸色吗？摔盆打碗的，他还不如不来，多大岁数的人，看着心惊肉跳的，那是来要命的。所以国家用这种方法不能解决问题，为什么？心没改，人做事是心、价值观来决定的，他心里还是嫌弃父母，所以你看现在的孩子，论坛上华蓉那一家，有人问孩子你是要电视还是要妈妈？她说我要电视，你们早点死吧！妈妈还跪在她面前！

　　这些活生生的事例在周围，我们不能看了就拉倒了，你家孩子不这样吗？"见微知著"，一点点小事情就知道他将来怎么样，所以那孩子从小的时候就不能有一点自私，一点都不可以。敢有私心！为什么把这糖藏起来？要是大人给的，他自己的可以放起来，那是"长者赐，不敢辞"，那他自己恭敬心爱护好，这是妈妈送给我的一个什么小礼物，否则别的东西"物虽小，勿私藏"，你会伤父母的心，这么小你就有私心了，还没多大你就得分家，你就得不要父母，嫌累赘。那有人就讲了，那这样对孩子是不是太残忍了？你现在教法好像不残忍，大家都伺候他，也不教给他这个，等到他稍微年长一点就该忤逆了，到时候你哭都来不及。我见到过一个五十多岁的人，上海人，来找我，"陈老师能不能有什么办法帮帮我？"我说："怎么了？""我的儿子管不了。"我说："多大？""五岁。"他老来得子，我想说那你有罪受了，五岁就这样对你，你说你怎么办？所以说，我们现在都是自己的邪知邪见。古人的家训、家教传了千年万世，为什么没有改变？它是对的。我们连对错都分辨不出来吗？不可能。你感到痛苦了吗？感到了，那就是错的。那古人感到幸福了，他做到了，代代都传。

班主任：对，这些孩子他们以后也会当父母，他们当父母的时候，他们的儿女也会像他这样对待他自己。

陈老师：对。所以说，从小让孩子稍微懂事一点，稍微能自立一点，让他照顾大人、伺候大人，铺被子、打扫卫生。说笤帚拿不动、拖把拿不动，没关系，那拖把比他还高呢，从小就拿，对他有一万个好处，不是不让他做游戏，把这些做完了，为人子的本分做完了再去游戏，你看这都是教育，让他知道孰轻孰重。孝最重，别人、父母的事情最重，我把游戏放在一边，教出来的。不把这些活干完了不许去玩，不许动玩具。你说好在哪里？等到这些孩子长大成家了，他的子女也这样，代代都有孝子。"三岁看八十"，三岁之前扎的根，这一千天的教育决定他一生，再加上胎教九个月，所以说一个家要有很好的家教。过去的大家庭有家教、有家学、有家道、有家业，现在是一个都没有了，什么都不知道了，就在这受罪。现在什么双语学校，学英文、学才艺、弹钢琴、跳芭蕾，统统都是假的，没用。只能长他的浮华，越学他越看不起你，他根本就不知道人道的基础，对父母那种感情、那种亲切，是小时候一杯水、一碗菜、一块毛巾一点一点培养起来的，一点一点保持下来的，那是跟父母的感情深厚。现在他为什么跟父母没感情？没人教，他就跟那些东西有感情，你说你要把他的名牌包给弄坏了，他敢要你的老命。

班主任：跟明星有感情、跟宠物有感情。

陈老师：是！我亲眼看到给那狗穿着衣服遛狗去。你看那女的，招摇过市，老妈妈说了一句话让人流眼泪，她妈妈说："你什么时候遛遛我？"我们听到之后落泪，你说她还是人吗？跟狗亲，跟宠物、玩物亲，说白了还是自私自利。谁生的你？谁养的你？你跟谁本来是一体的？全忘了。为什么不管老母亲？她需要的不是扔把钱，所以那个妈妈就讲："不要总给我寄钱，你能不能拿钱买张火车票回来看看我？"她想看见你！你拉拉她手，你给她摩挲摩挲后背，给她洗洗脚、按摩按摩，她要的是这个，她心里高兴。我们那堂课"半盆热水治天下"，听说不但国内，而且世界流通很广，很多人看了之后买木头盆，回去给爸爸妈妈泡脚，爸爸妈妈喜欢听什么给他放上，喜欢听京剧给他放上。这一家庭之前从来没有过，这一洗脚，怎么你跟谁学的，咱们家从来没有过，有人得教。现在电视、媒体、网络不教这个了，教刺激欲望、教消费、教西方观念，尊重他。有记者采访我，说你对这个什么看法？说年轻人要权利，他有自由的权利，要自由、要平等、要民主，问我有什么看法？我说可以给，但是你先得看看他是什么，他已经打爹骂娘不认人了，连他父母他都不认不理了，那叫活畜生。一个活畜生你还给他自由？你还给他平等？你还给他权利？你还给他民主，让他说了算？给一个畜生这些东西，那不是我们糊涂到家了！给正常人可以，给他行吗？他连正常人都不是，你要这干什么？我们讲道理，那是给君子的、给好人的；话又说回来，真正君子、好人不需要那些东西。谁靦着脸跟父母争权？你得给我这个、给我那个，那真的就不要脸到家了，没有羞耻心了，你的父母都累成什么样了，你还在那跟父母争？所以在古代用法律来保护人伦，一直到清末都是，你们看《大清律例》，凡是敢打骂长辈父母的是绞死。一直到民国还有亲权处分，这孩子只要不是人了，家里看着实在是忍无可忍了，送到法院，"你把这孩子处死，我不要他了。"不用审判直接处死。所以过去孩子不敢不孝，假装也得孝，为什么呢？真是那句话，合情合理，父母有权生你就有权杀你。话又说回来，哪个父母会杀孩子？没有，都是爱还来不及呢。民国以后的法律把亲权处分这一条取消了。从秦开始，只要不孝养父母的、虐待父母的，一律处死，他不敢不孝。现在倒过来了，你要打他、骂他、教训他，就是犯法。你说这怎么教？所以子女为什么和父母不亲，我们今天把它讲得很清楚了，如果以后有机会我们再给大家细讲怎么让小孩子照顾大人。其实你要用心听、用心学。不要做那些危险的事情，弄杯开水那不行，一定要适合他，习惯、价值观、孝让就形成了，没有破坏"父子有亲"，要让他保持，所以他到老还是"人之初，性本善"，还有人性，多好！所以在下一期节目我们有个更重要的内容，今天很多传统文化学校，甚至于学佛的家庭学错了，错在哪里呢？学成书呆子了，破坏了"父子有亲"，子女跟父母、学生跟老师不亲了，什么原因呢？教错了，下期节目我们再跟大家报告。

第二十讲　别学没人味

不要学成书呆子

班主任: 老师,我们在前两集一直听到您说,有很多传统文化的学校最后教出来的孩子和父母也不亲,您之前提到这叫书呆子教学,我们想请教老师,这是什么原因?

陈老师: 我们今天看到很多学传统文化的,包括一些佛化家庭,教出来的孩子跟父母也不亲,不会孝敬父母,什么原因呢?我特意做了一个实验。夏天,天气很热,北京,小学堂里学生很多,看到我进来,光着膀子,扇着那大蒲扇,他们男生女生都到了,没见过老师这样,因为我一直教他们"冠必正,纽必结;袜与履,俱紧切",怎么光着膀子进来了?就在学生们面前大摇大摆。大家那会儿刚吃完午饭,课间休息,其中有个同学,年龄稍长,十七岁,问我这是为什么呢?我说:"《弟子规》学了之后是干什么的?"大家说是为了我们生活幸福,是正人君子的样子。我说:"你们的父母学没学?小时候有件事,我印象特别深,天气很热,那会儿住平房,没空调,爸爸下班回来,光膀子吃饭,吃得那满身满脸都是大汗,还吃大蒜。你们见过父母这样?""见过。"我说:"你学了《弟子规》了,'冠必正,纽必结'了,你会怎么跟父母说?"这同学讲:"我当然要提醒爸爸不能光膀子,这不文明,这不礼貌,不符合《弟子规》。"我说:"你看,我就怕你们学成那样,这叫什么呢?学傻了,学呆了,把人情学没了。"学传统文化就怕学成这样,人情事理不通,最后没人愿意跟他亲近了。我们一定要知道《弟子规》是做人的规矩,但是它不是死的,它跟人情事理是通的。我说:"你们只记得'冠必正,纽必结',穿衣服要整齐,你们还忘了《弟子规》有一句话'亲所好，力为具'，天气那么热，你就看着爸爸在这儿，刚下班多累，再吃饭，那多热，你就忍心看着他出这么多大汗还在那'纽必结'吗？你忍心吗？你忍心说明你脑子呆了，人情事理不通了，'冠必正，纽必结；袜与履，俱紧切'，那是什么呢？那是在一定的场合，到了家里，天气热快把外套脱了，你得主动这么做，'亲所好，力为具'，不仅仅是针对亲人，一切的大众你都要体谅他的苦衷。学传统文化不能学到最后讨人嫌，让大家看着你说，这人麻木不仁，那就错了。如果说爸爸光着膀子，满头大汗，你应该怎么样？赶紧拿热毛巾给爸爸擦，'爸爸慢点吃，不着急，您看您这汗都滴到碗里了。'慢慢给擦，不管是闺女是儿子都得这么干，对爷爷奶奶、外公外婆，对长辈、爸爸妈妈，统统如是。""亲所好，力为具"，不能学傻了。你在那说，爸爸你都学《弟子规》了你还光膀子，你说你爸爸什么心情，难过，听儿子的吧，咱不能破坏形象，你这样做才叫破坏形象。破坏什么形象？把"父子有亲"破坏了，所以说大家一定要懂，《弟子规》《太上感应篇》《十善业道经》所有这些东西，包括喝酒，这次日本前首相到中国来访问，我在饭桌上陪同，喝不喝红酒？人家来敬酒，你喝不喝？在这种情况下，开遮持犯，该喝不喝你犯戒，不该喝你喝了你还是犯戒，它是活的。你爸爸妈妈下班回来多累，你说你能不能让他痛快点吃这口饭，你还在那"纽必结"，你这不找打。所以说人一定要懂，要真爱别人，该把这些放下的时候你不放下，你破戒；不该放下的时候你放下了，那也是破戒，一样的道理。《弟子规》是活的，它终归的目的是"父子有亲"，把这个破坏了，那《弟子规》就被你用错了，就被你学傻了，教错了，同学们听我讲完这个，有点明白了。敢情天气热的时候我们得帮着老师擦汗，要体谅老师的不容易，你眼里边只有这些书本上的东西，你根本看不到活人的苦乐，你那真叫学呆了。家里老爷爷，七八十岁了，今天高兴，他也不好意思直说，他在那儿，这动作一表现出来你就能看得出来，我是能看得出来，赶紧找酒壶，给他倒一小杯，跟爷爷讲："爷爷，今儿您高兴，这么多好菜，都是您的儿孙给做的，我们陪着您喝两杯。"这时儿孙站起来了："年方少，勿饮酒；饮酒醉，最为丑。"所以说我们一定要懂，一切的方便都是为了爱，爱里边要有智慧，您就使劲喝吧，您抽烟使劲抽吧，那不可以。所以说在什么地方对待什么人，它是活的，我们大家一定要知道，这里边有深厚的感情在，为什么你不会？因为你没感情你不爱，你真爱父母，你什么都会了。所以说我们对这些学生要教给他们，父母要告诉给子女，这些东西统统都是为了我们家庭和睦的，为了幸福的，不能够破坏身心的和睦，这个最重要。所以爸爸在那汗流浃背吃饭，应该拿扇子、拿毛巾。

父母街上走，全看儿女一双手

陈老师：我遇到过的一个义工跟我讲，上厕所的时候，不小心尿到裤子上了，时间长了那上边都有印迹，不好看，老师您能不能小心一点、注意一点呢？我就告诉他，注意不了，为什么呢？我就要看看周围这些学生还要不要自己的脸面，这什么意思？你看我说的话很重，为什么呢？这对他是责骂，这是古法，骂他什么呢？对老师没有恭敬心，真有恭敬心，他会照顾好老师。中国古话，老人在街上走，儿孙的一双手。我说你们做学徒的、做义工的，不能够照顾长辈，反而还要让长辈自己照顾自己。这句话不但是对义工，对这些学生们，都是很好的教育。你在家里边对你的爷爷要不要也这么讲？孙子说，爷爷你注意点，上厕所别尿在衣服上，爷爷真的是明白人，就一拍桌子，"我就不注意了"，我看你们要不要脸。中国古话，丈夫在街上走，媳妇的一双手。什么意思？能不能照顾好丈夫，全看你这媳妇的德行；老人在街上走，儿孙的一双手，你家的父母长辈走在人前，穿的邋里邋遢，这没擦干净，那没洗干净，谁没脸？儿孙没脸哪！你看他住的、吃的、穿的，你们怎么伺候的？还觍着脸来说让他注意，他注意不了，这是什么呢？人伦的教育。所以做家长的一定要知道，儿女不能伺候好你，不能尽孝，是我们做父母长辈的羞耻，没教好。人说这谁家的孩子，有人养没人教，这是骂人的话、难听的话，现在没人说了。那是做家长的羞耻，没有教养，他不知道尽孝。如果学生没有恭敬心，不能够照顾老师，那就是做老师的羞耻，学生不懂得本分，这是古法。没听说过，我就把它提出来。除非真的脸面都不要了，才会去觍着个脸跟老师说、跟父母说，你要注意这脏了、那脏了。这一教，学生们都听明白怎么回事了，是我们自己没有做到、没做好，没有安守自己的本分，反而去要求老师和长辈，错了！这是为了教育他，教育所有的人，为人子应该怎么做，而不是去要求父母，你应该怎么做，就等着看你会不会做。孩子他小你得教他，这杯茶放不好，重新来，就得这么教。端不好颤颤巍巍，再端，今天别吃饭了也得把这杯水端好，你要知道，爷爷奶奶看到心疼你，下次他就不用你端了，你永远都不会端。我遇到过一个同学，也是一个小公子哥，家里娇生惯养，好像才七八岁，客人们吃完饭打扫卫生，他跟班主任讲，我不会用笤帚，用着不习惯，行，给他买一个，让他天天用，用一个月他就习惯了。这么教，你不要说一个月，两天他什么都会了。所以今天的学生，年轻人为什么什么都不会？没人教，他为人子、为学生、在工厂里边当徒弟，根本就没人给他说作为徒弟的本分。我们那个年代在工厂里边当学徒工，那怎么对师傅？从食堂把饭菜打好了，跟照顾爸妈一样，为什么呢？这就叫师道，现在人看不懂，其实你问家里的老人都知道，我们代代都是这么过来的，这是规矩。徒弟、学生没有恭敬心，现在学校里师生是钱的关系，我交给你这么多钱了，你就得给我上好课，不可能教好。那传授的都是知识，跟智慧没关系，跟德行没关系，所以这孩子连那些知识也很快就忘了，就成了个废人。你们大家常常看历史书，看这些传记会很受教育。过去在做工的，师傅传授给你技艺，你靠技艺能够安身立命，这人在社会能站得住，所以你能不恭敬师傅吗？过去的艺人更是如此，你要是想学评书、学京剧，老师就看你有没有诚心。所以大家一定要做内行，一定要知道为什么在家要孝顺、在学校要恭敬，没有这两样东西你学不到，没人教你。你说分明有人教我，我也不恭敬，那你学到的是假的，那不是明师，明师选学生专看是不是有恭敬心。没有恭敬心，他跟你很客气，不收你，为什么？你没有恭敬心，教你白教。恭敬心不是嘴上说的，他看你对老师的态度。所以我们看《史记》里边《张良列传》，年轻的时候，张良是一个很有本事的人，遇到个老人，"过来过来"，给他叫过来，把草鞋脱下来噌扔桥下去了。"小子，给我捡上来"，张良当时也是挺生气的，这是这干吗呢，好像污辱人一样。那老人就看着他，张良确实不是一般人，这里绝不是那么简单，跑下去了，把这草鞋给老人穿上了，这老人又把草鞋给扔了，走了没两步又把张良给叫回来了，接着帮我捡，然后又给捡回来了，老人后来才把传世的兵法《黄石公三略》传给他，考试呢，你没有诚心他不给你，现在有几个人有诚心？所以师道是建立在孝道的基础上，他连父母都不恭敬，都不知道孝敬，他到学校来能搭理你吗？所以我责骂这些义工和学生们，他们都觉醒了，是自己做得不好，怎么敢要求老师，怎么敢要求家长呢？

父子有亲是什么样

班主任：老师，为什么很多人什么都不会呢？原因就是没有孝敬心、没有恭敬心。做子女的如果有孝敬心，他自然而然就会去学，比如怎么扫地、怎么刷碗，不会让我的父母去做这些；如果对老师有恭敬心，看到老师衣服这块脏了，他也就去学怎么洗。

陈老师：《孝经》里讲"孝悌之至，通于神明；光于四海，无所不通"，最好的典范，二十四孝头一位，舜王那是至孝，你看他能做天下的王，为什么呢？他通了，人不懂得孝、不懂得敬，他通不了，障碍在他心里边，太自私了，更何谈家庭和睦、父子有亲，那都是不可能的。

班主任：所以为什么古人总说德行是一切的基础，孝和敬就是德行。

陈老师：没错。

班主任：都是以德为基础。

陈老师：你连一个人都不会爱，那个人是你的父母，换句话说你的身体就是从那来的，这个人你都不爱，都爱不好，你说你将来当官要为人民服务、伺候大众，讲得通吗？你会相信吗？所以说他那都是假的，都是表演，他有他的目的。天下不能太平、家庭不能和睦、身心不能和谐的总根源是什么呢？把"父子有亲"的"亲"给糊死了，什么糊死了？自私自利，你们爱我行，我爱别人不会，换句话说不会爱。我把这个话跟同学们说了，都很受教育，恍然大悟，怎么学传统文化？在生活中学，学生对老师无比地恭敬，这恭敬不是嘴上说，像你说的走形式，在学校时六根都在老师身上；回到家里他对父母有孝，在学校有恭敬。孝敬这两样就能把人培养成圣贤，你不教给他做这些事情，天天让长辈来注意，那孩子都教坏了。所以要给他们机会，有意识地锻炼他们，让他们知道什么叫羞耻。所以我常常跟同学们讲，我在电视台出差，吃饭时我就在想，我爸爸妈妈有没有吃过这个菜，没吃过我就要给他做，我就要带他们出去吃，这是最简单的。喜欢什么衣服我给他们买，遇到了先想我父母有没有，他们需不需要，眼耳鼻舌身，意，意就是心，你想没想过这些？所以没事总在那打量自己的父母。我爸爸出门，现在我还是马上给爸爸提鞋，你说爸爸真需要你穿鞋吗？也未必，但是确实上年岁弯腰麻烦，但是他心情好。你看我儿子，四十多岁了还给我提鞋呢，我八十多岁还给他提鞋，他心情好。有的时候爸爸走在路上，我就追过去了，我说你看裤子上腰带没系好，这扣子没系好，我在那儿紧着忙活，爸爸出门之前也不管，就那么走，我得给他弄好了，嘴上有饭粒给他擦掉。你们这些当学徒工的，你们叫我师傅，就像工厂里的师傅一样，你们这些当徒弟的遇到我，看到老师这没弄好那没弄好，你们该怎么办，对父母也是这样，对长辈也是这样。这叫什么呢？"父子有亲"，在"五伦"当中没有说过老师和学生，老师和学生属于哪一伦？父子。换句话说，老师对学生就像父母对子女那么用心、那么亲爱；反过来学生对老师也像对父母那样。我是当徒弟的，没有照顾好师傅是我的羞耻。学生们都存这种心，他能学不好吗？你说师生那种感情、父子那种情深，没法用语言表达，这是自然的，你应该做的，应该怎么样呢？看着爷爷休息了，把爷爷裤子拿过来，在洗手间给它擦干净了，擦干净了挂好，每次爷爷穿出去的衣服、父母穿出去的衣服都是干净的，谁在做？儿孙在做，而且要让自己的小孩子也在边上看，让小同学也在看，你看我们这么照顾长辈的，所以说大家一定要懂。亲切、亲情就生发出来了，为什么子女跟父母没感情？他没有这个教育，他没这机会，你爱死死爱活活，跟我有什么关系，让我照顾你什么脸上有什么，我给你照顾着，不可能，请个保姆让她弄！所以父母怎么能不难过伤心呢？他不是要保姆照顾他，他不是要让个外人来，天天他还得看着保姆脸色，现在人都出去赚钱去了，把最重要的东西丧失了。所以我小的时候不懂事，回到家里，妈妈蒸的馒头，我不爱吃，现在明白了，想起来难过。你在这吃饭，父母都吃过饭了，爸爸过来坐在你的旁边就看着你吃，妈妈在那儿问："吃几个了？""吃仨了。""别吃多喽。"她高兴，你说什么呢？我不吃，我要吃麦当劳，你去给我买去，你说他得多难过。大家听了我这话要体会，父母和子女那种亲，人心在里边。你如果在那吃两口把筷子往那一放，这一晚上父母睡不好觉，你这又怎么了？我说这些家长里短，现在没人讲了，长辈也不讲，电视台更不说。你看《孝经》里边告诉人们，用孝道治天下，以顺天下，天下无怨，家庭和睦，"父子有亲"。我刚学佛的时候你说那会多傻、多愚痴，就跟父母说"不要总说这些了，这些不如念佛管用"。你说他心里多难受，他想念佛，你这么一说他也不念了，他生气；你听完他讲故事，听完他讲家长里短，你再跟他说念佛他高兴。所以《弟子规》里边"亲所好，力为具"这六个字够你学一辈子的，真的够你学一辈子的。由此我们就知道，父子所谓"色难"，给父母好脸色这是难，你给他吃的穿的容易。但是不容易也要学，不容易是因为烦恼习气重，所以别看到爸爸在那儿光膀子脖子流汗，你过去就指指点点，不符合这个不符合那个，错了，一定要懂，怎么才能够圆圆满满地把《弟子规》做好，别学傻了，别教错了，这是你们这些班主任首先要想到的问题。我总跟学生们讲，鞠躬行礼不要讨人嫌，《弟子规》别学傻了。我每次看那个车从门口过，有很多论坛义工在那行礼，我提心吊胆，为什么呢？你说你这九十度鞠躬，这车把你脑袋撞上怎么办？行礼要注意安全，如果让人看了提心吊胆不是好榜样，你违背了行礼的初衷，你是为了表达恭敬，结果你这一行礼惹麻烦了。你看佛家讲得很清楚，老和尚睡觉、吃饭、上厕所，不方便的时候你不能过去行礼，你行礼人家就得把筷子放下给你回礼。所以说，一定要知道它是活的，不能呆板。走在街上，穿着一身唐装，弄得跟火星上下来的似的，麻木不仁，你在破坏传统文化，这身衣服穿上本来是很有风度的，谁都喜欢看，这很好，很自然的，不方便的时候穿里边的背心也好，不要执着，一切都是为了周围的环境的方便和大众欢喜接受，这是总原则。所以我们今天跟大家报告，子女为什么跟父母不亲了，没有感情了呢？学了传统文化也没学出感情来，什么原因呢？学傻了，学呆了，一定要用心去体会，才能产生感情。感情是无形的，一个小小的动作、一句话就够了，你看我有的时候教训学生，发脾气了，要生气半天，学生画一幅画，放到我的桌子上，上边写着一行字："老师不要生气，以免伤到身体，我们一定会改正。"

插播陈老师与传统文化学校学生交流视频

学生：老师，您别生气，我送给您一个大画。

陈老师：哎呀，这个大画是谁做的？

学生：是一个学长。

陈老师：是一个学长，你给送过来了是吧？

学生：是。

陈老师：你想不想要这样的儿孙？通情达理。我们一定要知道，尤其是做女子的，"男主外女主内"，那是她的天职，女子一定要会照顾人，要会关心人，女孩子心细，你可不能嫌弃，嫌自己的老爸，你们有这种体会，要把它改变。闺女照顾父母，无微不至。丁嘉丽老师好榜样，爸爸到晚年得重病，拉大便拉不出来，丁老师给父亲抠大便，每次都这样，你不受感动吗？感天动地，真是好闺女！从小就这样，所以我们要教，你看她七八岁，知道给父母系衣服扣子、整理衣服，都是她在伺候，她长大了就懂事，她的后代就是孝子，她嫁的丈夫就享福，家庭和睦。"丈夫街上走，妻子一双手"，真是这样。

班主任：老师，在我印象当中，再热的天出再多的汗我的爸爸也会穿一个跨栏背心，也从来不在我面前光着背。我也不知道爸爸很热的时候要劝爸爸，让他把衣服脱掉，然后给爸爸擦擦汗。总感觉对妈妈还好一点，对爸爸照顾的时候感觉总有一条界限，感觉爸爸是男众，我是个女孩子。

陈老师：我告诉你，跟爸爸不能讲叫男众，那是你的爸爸，儿孙在父母长辈面前不能讲男女，那是大不敬、大不孝，我这么跟你说你就好懂了。假如你爸爸生病，得的是丁老师爸爸那个病，拉不出屎来，你能像丁老师那样给爸爸抠大便吗？他是男众，我是女众，这就是大不敬、大不孝，当闺女的还能说这个话了？记住了，父母长辈这一辈子，儿孙要把他们照顾好，这是第一位的，其他都不重要，这话听得懂吧。所以家长要教，先教什么呢？先教孝，没有比这个再重要的了。所以说这些都是错误的知见，一定要把它改掉，否则都是破坏父子有亲。你记住了，心里边完完全全是孝，人就会做得圆圆满满，不可能有任何不对的，所以说把孝要排在第一位，这就是最正的教育。最正的教育没有了，去教别的，看着好像是正的，它也很难正，为什么呢？"父子有亲"，"亲"是天性，你都把天性盖覆住了，其他的都没有。所以说"夫孝德之本也，教之所由生也"，一切都是从这来的，不要找错了原点，脑子里知见错了，这一辈子后悔，为什么呢？没有孝敬好老人，让父母委屈了一辈子，到晚年你想想能不难过吗？一定要记住"父子有亲"，人伦超越一切，所以你看父子摆在头一位，第二位是长幼长辈晚辈，第三个才是夫妇男女。你先把第一个做到了，你为什么会这样？没人教。你看到父母，尤其爸爸，天气很热，不知道脱衣服，当闺女的应该怎么样，妈妈就教："去，快给爸爸把背心脱了，出那么多汗，赶紧拿毛巾快给擦擦。"妈妈不教女儿上哪儿学去，妈妈为什么不知道？姥姥也不知道，一代一代都不知道，所以说这些一定要一起来学。很小给父母抓后背，我现在回到家里说了没两句，爸爸说"我这后背太痒赶紧给我挠挠"，我就给爸爸挠后背，挠后背好像是《礼记》里边都有，几千年传下来的，"亲所好，力为具"，甭管大的好小的好，你必须要伺候到。所以"父子有亲"的"亲"字怎么解释？你去查《说文解字》："至也"到了的意思。段玉裁注"情义恳到曰至"，有感情，义是什么呢？

义是本分,光有感情不行,你得知道自己的本分。恳,一心一意,诚恳。到,眼到,耳到,鼻子、口、手、身体接触、心里,都得到,叫亲叫至,孝。看到爸爸很热没反应,为什么没反应?没人教,"苟不教"你就迁成这样了。所以你就知道,你真的那样做,父子有亲,爸爸高兴,我这正热着呢,你看我这宝贝闺女真好,一定要记得,它是人性的自然流露,没有人会反对、不喜欢,所以一定要从小就做父母的好闺女,体谅父母,观察父母需要什么,照顾得无微不至。所以我就常常和你们这些老师、义工讲,家长不要把那活儿都给干光了,一定要让孩子去做力所能及的事情,从小让他受锻炼,他眼里才有活,否则他木呆呆,什么他都看不到,为什么呢?他锻炼的机会、做孝子的机会、恭敬的机会都没了,这活都被你干掉了。所以这是大错特错。我们一定要知道,孝子贤孙是教出来的,教一定要做到,背书不管用,你倒着背《弟子规》都不管用。所以我们今天最缺的是什么呢?家长要学,家长要懂,你们讲得很对,不是说这些孩子天生就忤逆,就要跟父母对着干,不要让他听专家学者错误的话,教给他正道,他自然就好了。你看传统文化学校这些学生多好,一个个心里边阳光明媚、健康无比,家长欢喜得不得了,让孩子干活怎么叫欺压他呢?越这样越健康,那是他的本分。现在社会上都不让孩子干活了,你看这孩子问题都出来了,为什么呢?你不让他干活,不让他孝顺父母,就违背了天道人道。

班主任:老师,其实现在很多的家长是很可怜的。我记得我看过一个新闻,爸爸带着自己的儿子在自己的别墅里吃香的喝辣的,但是他的老母亲却住在特别破旧的房子里面,甚至连饭也吃不上,其实这些家长不知道将来他老的时候,他的儿女也一定会这样对待他。

陈老师:因果报应。

班主任:对,我举一个我家里的例子,这也算是替我家里人忏悔。我姨很不孝顺她的婆婆,曾经为了两个戒指闹过家庭矛盾,最后就没有让老人家在自己家里安详地离去，这老人家最后离开了还带着遗憾。现在她的儿子刚刚结婚，儿媳妇刚进门有两三年，对我姨很不孝顺，横眉冷眼的，甚至有的时候根本就不理她，你怎么对待你的老人，将来你的子孙就怎样对待你。

陈老师：对，家长们有一个普遍的错误观念，我现在对我的孩子好，将来他一定也对我好，他不知道好坏的标准，他以为溺爱就是好，其实那是害。你现在这么害你的孩子，将来他也会害你，而且不是你说的等到老了，那孩子五岁就管不了了，管不了了就是在害父母。到当地去慰问那些孤寡老人，八十多岁的老人，我们看了房间那简直不是人住的地方，痛苦无比，后来一问，她原来就这么虐待她的婆婆，把她婆婆牙都拔下来了，她婆婆去世了，她又住在她婆婆房间了，她的媳妇也骂她、也打她。你说这不是报应吗？

班主任：不给她饭吃。

陈老师：对，那是真事，看到之后可了不得，现在的家长根本就不懂得怎么教育孩子，以为这是对孩子好，将来他会报答你，一定要爱之以道，你不以道，你不按照自然规律、人伦、天道来教育，你能没有报应吗？你最后还叫苦不迭，我怎么会有这么个结果？没受过圣贤教育造成的。你这就听明白圣贤教育有多重要，它跟你的吉凶祸福、家庭和睦、人生幸福息息相关，你要不要学？西方人讲平等，他们不懂得什么是真平等，那是肤浅的平等。真平等是什么？你小的时候这样照顾父母，等到你将来有了子女，你子女也这么照顾你，那不就是平等了，而且这种平等代代都传下来，有了孝子贤孙。这种平等是符合人性的，我们一定要知道，谁都不要怪，从现在好好学，还是那句话，学了传统文化一定要通人情事理，不能死在句下，这个很重要。所以那次我光着个膀子，在同学们面前搨着个大蒲扇，满身大汗，那是我给同学们出的一个考卷，那是故意做个实验，告诉给大家，人生在世会遇到各种各样的情况，要会爱人，人情事理要懂，要知道用各种方法关心别人、照顾别人，做最好的榜样。那你说可不可以光着膀子在大马路上？那不可以，再热都得穿好了，为什么？对大众恭敬。老师在学生面前、父母在孩子面前不必，不能说是对你恭敬，那不倒过来了，在晚辈面前他很自在，很热把它脱掉，学生们、孩子们马上就过来伺候，周围人看了就学习，家有家道，家道兴旺，一定将来出了不起的人。大家都学会了，说你看人家儿子，看人家闺女，看人家学生，给老师照顾得多好。这次日本前首相访华，我们吃饭，桌上客人很多，给我夹菜太多了，我确实吃不下，怎么办呢？这义工在我旁边，我不说话，把菜递过去，你们在边上把它吃掉，周围人看到了之后就奇怪，我听说事情在节目播出来之后有观众很感慨是不是？

班主任：对，我们的节目刚刚播出，第二天就有观众给我发短信，他说在节目里面看到我们在吃老师的剩饭，他们特别感动，他说我要把我的孩子送到这样的地方去学习，接受这样的教育，将来才会有出息。

陈老师：虽然有人没有受过传统文化教育，但是人同此心，心同此理。他看到之后就会感动，为什么呢？现在哪找学生吃老师的剩饭、孩子吃父母的剩饭？找不到了，都嫌你脏，倒过来，你吃他剩饭行，如果他很小就嫌弃你，长大了他能孝养你吗？不可能。我们讲传统文化，时时处处一个字"孝"，还有一个字"敬"，孝敬，处处表现出来让大家受到感动，为什么？人性本善，人性里都有孝敬，他看到之后他惭愧，他感动，他要学。所以我们一定知道，父母和子女的感情、师生的情义是哪里来的？教出来的。教，所谓"教之以义方"，教子要合乎道，道"父子有亲"的人伦，不能破坏。有的时候我们看不懂没关系，道理很深，慢慢就懂了。我们看到古画，古人光膀子还画成画挂起来，你能说违反《弟子规》吗？你能说违反传统文化吗？错了，你不懂《弟子规》，不了解传统文化，《弟子规》是活的，周围的条件、环境和对象不一样，它就会变。我们今天的报告就到这里，谢谢大家。

第二十一讲　亲所好，力为具

传统文化教育首重做到

班主任：老师好。

陈老师：大家好。我在你们传统文化学校过暑假，每次吃饭的时候都锻炼同学们，让他们自己做饭做菜给老师吃，这在外边的学校是见不到的。昨天有一件事情对我触动很大，我们也特别希望观众好好来听听。我是头一次遇到这种事情。中午熬的粥，里面拌了白菜。我说昨天不是还有饼，一找已经没有了，吃光了。我就跟做饭的那个十三岁的女同学讲，去找一个大一点的同学，告诉她多烙点饼，每天中午拿出来热一热就可以吃，省事。我确实担心她。她肯定不会烙，她太小，别耽误她学习，得找个大点的烙饼，我委托她通知别人。我一看粥还没熟，就先去隔壁看会儿书。大概过了十几分钟，小同学过来说："老师，可以吃饭了。"我再到房间一看，桌子上已经有一盘金黄色的饼放在那了。我说这饼哪来的？那小同学讲是刚才她们烙的。我说谁烙的？我尝尝，我这一尝，焦黄酥脆。我就想这才不到二十分钟怎么弄出来的？我这儿边吃边琢磨着，门开了，刚才我交代的那个十三岁女生进来了。又端一盘，往那一放说："老师，请您吃饼。"我说："你过来，谁烙的？"她说和另外一个学长烙的，那学长比她大两三岁，她们一块在大厨房擀着烙的。我说你也烙了？她也会烙，两个人一块烙能烙得多一点、快一点。可能是有分工，估计是这个和面，那个擀饼。我说好，你去吃饭吧。她离开之后，我看着这盘饼很有感慨，感慨何来呢？第一个，我了解这个女生，她平时考试成绩，无论是背诵、正体字默写，还是讲解，这几门功课她很少能考到第一。但是她把《弟子规》做到了，哪句话？"亲所好，力为具"。我在过去、在现在都没见过，这是头一次。我随口那么一说，下午你们去烙点饼去，马上就给你烙出来了。老师想吃饼，马上就来，就给你摆在面前，不出二十分钟。所以我就问那些义工，义工有三四十岁的，我说你们能不能做得到？你老爸老妈、爷爷奶奶、外公外婆想吃馒头了，想吃饼了，想吃面条了，二十分钟摆在这儿，你能不能做到？可是一个十三岁的女学生，她能做到。而且我刚才为什么提到考试她没考过第一？我就想问问那些考第一的同学们，你们能不能做得到？你都考第一，班上也表扬，大家也羡慕，虽然学问很高但也不到。说到这我不知道你们两个班主任，还有我们电视机前的观众作何感受？我就想说一句话，学传统文化为了什么？考第一，你考全世界第一但生活中做不到，有用吗？所以这个孩子给所有人上了一堂课。不是爸妈让她这么做的，不是老师让她这么做的，她在揣度老师、长辈的心。下午要，明儿吃，不行，现在就得给老师做。没人要求她，她是这么揣度出来的，"亲所好，力为具"。爸爸妈妈今天特别想吃碗粥，你想着去吧，想半年这粥也来不了。现在做子女都是这样，这咱们就不提了。咱们再说学传统文化的应该比一般人高，有几个能做到这个女生这样的？所以今天很多传统文化学校教错了，学错了。一来了先表演，能把《弟子规》唱出来，能把《弟子规》当舞跳了，能书法表演，能朗诵，能上台讲解，自己做不到。这有什么意义？她考试不是第一，但是她做得比谁都好，甚至超过大人，我很受感动。你说她是一颗什么心？我就去体会，没有污染，她做到了真正地孝敬师长，这颗心太难得了！所以我们在那背书，我们在那做学问，没有这颗心没用。传统文化学校千万不要忘了，这些学问是让你做到的。尤其是《弟子规》《太上感应篇》《十善业道经》《沙弥律仪》四门功课一定要做到。这叫什么呢？五年学戒。我到你们学校来发现，好同学坏同学，好事坏事，都很教育人。我们在这些生活当中来观察学生的用心。传统文化学校怎么教？"观心"二字太重要了。"观"是什么？不要用感情，冷静地观察，反观依照。佛法所谓"止观"，就是非常冷静地来观察这些学生们，他到底安的什么心？不要被他们的考试成绩所迷惑，不要被他们在那表现出来的才艺所迷惑，那都是假的，看他的心，说得再好也是伪君子。能把它背出来，能把它讲出来，自己做不到就是伪君子。所以你们这些班主任应该大会小会去讲，大家都要像这个人学习，像她这颗心学习，换成这种心。你考得再好，考第一名，你还是自私自利，还是长辈、别人伺候你，永远做不到"亲所好，力为具"，那你背它有什么用？这不是成了废话了。所以一定要在传统文化学校、在你们那里树立一种风气——做到，做到才是真正的成圣成贤的方向。考得可能不是很好，但是他做到了，他是真正的第一。一定记住了，这是标准，这才是考试的标准，看德行。所以你们这些班主任在生活当中仔细地观察，冷静地观察；看什么？看他的心，观他们的心。这些学生们，从小让他知道学传统文化是修心的，没有这颗心她能做出这种事情来吗？所以我在那吃饼时就想一定要录这个节目，你们要给同学们开会，要上这堂课，要教育大家。"亲所好"就是父母、长辈、老师所需要的。"力为具"，力是什么意思？竭尽全力，以最快的速度奉事师长。"孝养父母，奉事师长；慈心不杀，修十善业"，净业三福头一福，绝对不是嘴上说说的，而且我观察这个学生，她不是一个哗众取宠的人。平时不怎么说话，这你们都了解。

班主任：是。

陈老师：不怎么爱说话，这才叫真正的淳厚的德行。通过这个就能看出来，根性好。把饼往那一放，"老师，您慢用。"走了。所以我就跟义工们讲，你要不要你家的孩子是这样的？做老师的你要不要你的学生是这样的？没有人用语言来要求她。人家是听话听音，看人看神色，是观察出来的。所以我们常讲，六根都摄在父母、老师身上，这叫什么呢？"父母呼，应勿缓"。她怎么能反应过来？她是一直在用心做事，你能看得出，她要是不用心，没准下午这事她都忘了。专注在孝敬上面，这是德行的培养。遇到同学有这种美德，表现出淳厚的德行就一定要鼓励他，要鼓励所有人都来学。人家把"亲所好，力为具"做得这么好，其他的我们不说，就这件事做得太好了，大人都做不到。你能不感慨吗？就真的跟变魔术似的变在老师面前了。哪里还要等到你明天吃，今天就让你吃到。家里有这样的孩子，你们有这样的学生，你说家长和老师能不开心吗？我告诉大家，一个学校一个家庭，出来这样的学生什么原因？两个字：教育。这个孩子她有个姐姐，大高个，不在你们学校。

班主任： 是的。

陈老师： 为什么呢？怕苦怕累，回家了。妈妈听她的，现在父母都是这样，溺爱，听孩子的。孩子不走，非得在这学，那在这儿学也行。现在这两个孩子的差距从十三四岁就开始越来越远，为什么？种的种子不一样，受的教育不一样。一个是在家里溺爱，有人伺候，我愿意画画，我愿意写字，那就弄吧，最后这孩子耽误了，糟践了。她姐姐离开你们这个地方回到家里去了，这姐妹俩分开应该也半年多吧，你看变化就这么大，完全不一样。她姐姐做不到，她妹妹做到了。为什么？受的教育不一样，全部都在教育。好人怎么来的？败家子怎么来的？我们有个败家子系列，这个节目大家一定看看，很受教育。所以这个孩子在你们学校里，在你们的教导下将来会有成就。所以要让我们的同学们在很小的时候就要学这样的榜样。不要拿着考试单在这晃悠，那没什么好值得夸耀的。你看人家好像脑子不如你好用，但是人家做到了，真君子！读书志在圣贤，而不是读书志在科第，读书志在分数，那错了。读书志在自己成圣成贤，叫读书志在圣贤。班主任一定要明白，这就是教育的成果，以这个为成果而不是以分数为成果。什么是真的？知行合一。他所知道的，他的内心，心行一如，跟他的行为是一个，这就好了。把这样的学生放在家里她也完蛋了，她也自私自利。通过这件事情我们可以勘验古人所教给我们的真理。环境太重要了，弄到社会上这孩子真的就完蛋了。这跟你们的用心，时时刻刻地督导分不开，你不这么盯着他，他也就过去了。如果你这个地方风气不好，这有什么了不起的，没有人出来鼓励，没有人出来倡导，大家还是把分数看得很高，最后教出来一群伪君子。这有什么意思？所以内行人一看，你这个地方能不能出圣贤，能不能出真正的栋梁。你不要认为这是小事，不就烙两张饼嘛，但大人都做不到。谁能有这么一颗心，金子一样的心，多珍贵。所以你们要保护好，让同学们人人都恢复这么孝这么敬的心。她做到"亲所好，力为具"了，没有比这个再重要的了，还用等着家长说？不用，你看她才十三岁，多让人感慨。

无能的孩子是怎样变好的

班主任：老师，学生其实刚来的时候她也不是这样。她的两双手就像两个漏勺一样，拿什么掉什么，拿什么摔什么，更别说做饭了，什么都不会。

陈老师：我听你们讲在家里边是个小公主。家里经济条件还不错，有保姆伺候着是不是？

班主任：是。

陈老师：如果没来你们这儿受教育，那么长大也是个活废物，最后这人生也就没有什么意义。所以你看中国古话"橘生淮南则为橘，生于淮北则为枳"，很好的种子，环境不同，结果不同。到了你们这个地方，你看出来这么个结果，这刚十三岁，再学十年还了得！所以你们传统文化幼儿园、学校，把这些学生好好培养，真正难得。而且一定要有信心，每一个学生内心都是这么好。你千万不要认为只是说她好，不是的。你看她过去多差，把那暖瓶摔了，多贵的暖瓶摔碎了，她也不是故意的，是瞎摸糊眼，模模糊糊，懵懵懂懂，为什么？她没干过活。这茶杯怎么端，她看着茶杯害怕。大家看着她害怕，准给你弄碎了。反正摔点东西也是交学费，不摔也不行。经过了你看这是一年多的学习和锻炼，现在变成这样了，自己会烙饼了，这真是想不到，你说她这么小，她就能把这饼烙得这么好，又酥又脆。会烙饼还是其中之一，还会炒菜，做饭，将来自己还有学问。哪个家不想要这样的孩子？所以说你看到这孩子一开始什么都不会，会教的人就能把她教好了。你看到她那罚跪的照片，她弟弟跪在她面前，是不是？

班主任：是。

陈老师：对，见什么破坏什么，他都不是故意的，他为什么会这样呢？他自己从来没干过活，所谓"横草不动，竖草不拿"，四体不勤，什么都不干，他可不就破坏，他不是故意的，摔这个打那个，过一段时间就好了。所以要有严厉的管教，严厉的管教太重要了，打屁股、打手板、罚跪、罚饭，家里哪个家长舍得，不舍得，人报废了；舍得呢，看到成果了吧，这就是什么呢？《汉书》里讲到，"鞭扑不可弛于家"，家里边打手板的戒尺，打屁股的藤条，不可以放松，不管可不行，"养不教，父之过"，父是父母长辈，你不管可不行。"刑罚不可废于国"，这是真理，一直流传到现在。所以你们严加管教，你看把个废物蛋给教成这样了。我来了都很受感动。"教子要有义方"，那"义方"二字不是随便说说的，所以你们一定要按照古法来教孩子，一定让他做到。学过之后在生活当中督导他，过来，跪在这儿，别看他小，都记得。爸爸这一直咳嗽听见没有？听见了。该干吗？不知道。不知道？别吃饭了。真不吃饭，跪那儿什么时候想出来，什么时候找爸爸来。家长、老师拿不出这种力度来，这叫真正爱孩子？你这孩子想管好那是不可能。不吃饭苦，我看你们这孩子经常不让吃饭，那个子长得跟我一样高，一米八二，那么强壮，大小伙子少吃几顿饭，身体挺结实。这家长就是糊涂，他接受不了，心里觉得割舍不了，最终把孩子毁了。所以你看这来的瞎摸糊眼的，也就一年多，你看不都变成这样了，多好！我看在那儿做饭，红扑扑的脸上，她也不怕热，不怕苦不怕累，真好！要不然你说出来像那天那个义工在这忏悔的，她妈妈说这面条怎么进碗都不知道，拿起来就吃，到现在这么大丫头还是她妈妈给她洗澡。二十六了，她妈妈见着她，来，妈妈给你洗澡，她能不成个废物吗？哪个公司、哪个单位能要她？所以说败家子系列讲得很明白，所有这些败家子都是溺爱造成的。"教不严，师之惰"，你们太懒惰了，你何必让人落骂名，你为什么不严加管教？跪那去，就让他看着大家吃饭，让他知道羞耻。你小的时候，你这哭一下，爸爸妈妈、爷爷奶奶都来伺候你，你虽然不会说话，但他们知道你缺什么，怎么养护你。你长大了，你不知道父母需要什么，你有罪。为什么？吃太多了，越吃越糊涂。跪一半过来给爸爸磕头认罪，"爸爸，我应该给爸爸去拿止咳糖浆。"记得住吗？记得住，再也不敢了。好孩子、孝子都是这么教出来的，这教给他什么？要有人心。你看现在这孩子有几个懂事、有人心的？没了，不这么教，都溺爱。一看到孙子在那跪着，那爷爷敢拿擀面杖去打他爸爸去，你说这孩子能教得好吗？

孩子的能力是如何丧失的

班主任：老师，我们每天都能接到很多家长打来电话，我们也跟很多家长见过面，大家都很痛苦，痛苦的第一个原因是孩子管不了。我有个体会，现在的家长反了，在家里面不是"亲所好，力为具"，是子女所好，父母力为具。孩子一旦有一点点不如意，父母赶紧过去想方设法去哄孩子，所以最后变成什么样呢？父母说他，他都不听，根本就管不了。我们这边刚开始也不是这样的，后来您就教导我们，所有的道场，做饭也好、洗衣服也好、打扫卫生也好，一定要让学生去做。所以我们整个道场这些人，十三岁也好，十四岁也好，一个大的会带一个小的，他们要负责蒸馒头、包包子、做米饭、炒菜。最开始的时候他们也不会，都是这样慢慢教过来的。还有一个问题，很多孩子有的时候看到父母有这方面的需求，他想做，但是他没有能力。

陈老师：他不会。

班主任：他从小就没有这方面的锻炼，他想吃饼，父母给他拿过来，没有父母他什么都不会。

陈老师：父母想吃饼，他不知道这饼怎么做。

班主任：对，是这样的。

陈老师：为什么呢？你不给他这机会，你要问为什么给他机会呢？这是人伦的教育。一定要记住了，你刚才说这段话最重要的是什么呢？要把人伦的教育落实。我看有的传统文化学校，有人给专门洗衣服，对不对呢？你们大家想对不对？把"亲所好，力为具"这六个字都破坏了，为什么？你让他烙饼、让他蒸馒头、让他做饭、让他生火、让他收拾屋子，将来这些能力他具备了，爸爸妈妈今天生病，他就能把屋子打扫干净，他就能做出一桌子饭菜来。他没有受过锻炼，没有人伦的教育，平时都是保姆、阿姨，甚至父母给他做饭、长辈给他做饭，万一哪一天家里父母生病了，该他做这些事情的时候，他不会，这能行吗？所以今天是全社会把人伦的教育、人伦正常的关系都破坏了，破坏了之后人都不会，他张嘴说什么？有小时工，小时工今儿没来，没来饿着。所以说现在人他就不知道让这些子女从小洗衣服、做饭，要知道人道的教育，为人子的本分、能力他必须得会，同时养他这颗心，你得有为人子那颗心，那颗孝心。你找保姆，找阿姨，找这些佣人，他能对你父母有孝心吗？那是钱的关系，你给她多少钱，她给干多少活，你忍心吗？这不是一样的道理嘛。所以人一定要明白，为什么你们学校要这么教育学生，大家不要外行，要听得懂，是为了你的孩子好，让他恪守伦道，否则，他做不了好人。你有离开人世那一天，你儿子也好，闺女也好，连个人样都没有，你死不瞑目。有人样从哪来的？受人道教育。受人道教育得做，不是听完课，下了课了，爷爷奶奶继续伺候他，那叫教育吗？那叫表演，那不是假的吗？为什么不在生活中让他做？我记得原来有个纪录片，孩子说错话了，妈妈让他在先祖牌位前面磕头，对不起先祖。

孩子：对不起先祖……

陈老师：接下来让孩子罚跪。你看他很小，其实不小，就得从那个时候教，三岁之前能够定终身，得这么教。不这么教就不行，不这么教就达不到效果。

好孩子什么样

班主任：老师，最近我一直咳嗽，有一次在卫生间咳嗽得比较厉害，旁边就有一个刚刚大学毕业的学生，到我们这儿做义工，我咳得很难受，我就让她给我拍一拍，结果她就拍我肩膀。

陈老师：这是一个小姑娘是吧？

班主任：小姑娘，刚刚大学毕业，我就有个体会，如果这要是她爸爸妈妈咳成这样，需要她在旁边拍一拍，给减缓减缓，她不知拍哪儿。

陈老师：不知道，没拍你脚后跟！

班主任：当时我就想，就这样的话，那不就是眼瞅着爸爸妈妈在那受罪，就这么瞅着，帮不上一点忙。

陈老师：所以，你问问大人，他能不能做得到"亲所好，力为具"？他做不到。为什么呢？从小没学过。那为什么不让学呢？不让学，学这无用？你看家长不都这样，学这干吗，咱们家有的是钱，找保姆，或者爸爸妈妈下厨给你做，想要什么说吧。这孩子将来长大废物蛋一个，他连人心都没有，为人子的孝敬之心都没有，从来没练习过，从来没学过。

班主任：老师，我这两天一直咳嗽。有一天我下楼去看他们背书，早上起来，我刚到楼下，就有一个小同学端了一份鲜姜炒鸡蛋，当时我就很奇怪：这是在哪儿学的？我没教过你。

陈老师：这同学几岁了？

班主任：十四岁。她说："老师，这是个偏方，我跟爷爷学的。我上次看爷爷咳嗽的时候就做了，然后就记住了。这次做给您吃，用来止咳，效果特别好，老师您趁热吃。"

陈老师：你一下楼，正是热的放你面前。

班主任：是。然后我就体会到，你要求他们体谅长辈，你就要去观察长辈、父母，你要求他去做，慢慢地他就养成习惯了，自然他会自己去学了。

陈老师：对。

班主任：我觉得这样的话，孩子就慢慢学出来了。

陈老师：这就叫校风。我们总讲校风怎么样，这一个学校的人都讲究的是这个，将来他们都是圣贤君子，可了不得！你应该给你拍肩膀的那女大学生讲，你爸爸妈妈咳嗽，你往哪儿拍都不知道，那不就是个废人？还美其名曰大学生，还好意思说？所以今天的教育都出问题了。教出来的人拿着个文凭是个废物蛋，花了家里的钱，什么都不会。这难道是我们想要的吗？为人子有为人子的孝敬二字，那得做出来，不是嘴上说的。就你刚才说的，这些学生，端过菜来的学生几岁？

班主任：十一岁。

陈老师：你看看，老师天天在这儿教，学校就这个风气，谁不这么做都以为耻，这不就对了。一定得有人教，叫蔚然成风。"君子之德风"，君子是老师；"小人之德草"，小人是学生；"草上之风必偃"，你往哪边刮它往哪边倒。这些孩子在一般学校，要不就偷钱，要不就吃喝玩乐，你们接触很多是不是？

班主任：是。老师，这些例子有很多。有一些同学，他虽然不知道自己应该怎么办，有时候确实我们都经历过。干活的时候腿受伤了，突然之间肿起来了。同学们看到就会围过来，然后给你按摩，给你抹这个油，抹那个油。有些同学两天了还没好，就比较担心，自己去上网查，找我们的义工老师，说我用一下网络，查一下，那都已经晚上十二点多了。查过之后告诉我，老师，我在网上查了腿肿的原因，可能有几种，把几种说出来了，现在我们用哪个方案，用艾灸给您试一试。这样的例子真的很多。

陈老师：这些事情，绝对不要把它看成是跟圣贤教育无关的，恰恰这是第一堂功课。那是会教，内行人就这么认为。外行，天天就是背诵、读写，那真正叫外行了。要做到，没别的。所以班主任、校长、老师都得内行，要在这上面用功。我记得有一次我给同学们训话，批评完了之后生一肚子气，往屋一坐。不超过五分钟，门一开，进来个小姑娘。大概有几岁？

班主任：三岁半。

陈老师：三岁半，那小姑娘。你看你们这院子里有猫，她把那猫打扮得怪模怪样的，牵着那猫进来了，说"老师别生气了"。噢？我一看到她，这真是气几乎都消光了，我就看着她真好笑。"亲所好，力为具"，他现在难受，就得告诉他，怎么去给消消气。那二十四孝老莱子还不是这样，以娱亲心。我小的时候，爸爸下班回来不高兴，妈妈就告诉我，去，拿桔子给爸爸剥了吃。剥开后递给了爸爸，爸爸虽然放下了，但是心里边已经舒服了很多。再剥一瓣桔子放到爸爸嘴里。谁教？妈妈教；妈妈不舒服了，爸爸教。孩子就得这样，在这种家庭气氛下，以及你们这种学校气氛下，他才能够成为一个好人。

插播三岁孩子给陈老师送大花片段

孩子：老师，您别生气了，我送给您一个大花。

陈老师：大花，这是个什么花？

孩子：就像一个车一样，就像一个小汽车，车子一样。

陈老师：像车子一样，这是谁做的？

孩子：是一个学长。

陈老师：一个学长，让你给送过来了是吧？

孩子：是。是有一个学长，因为他不敢过来，我敢过来，所以我才过来了呢。

陈老师：你过来干什么来了？

孩子：我过来是想让您不生气，让您看看这个大花。

陈老师：看了大花就不生气了。那你在家里知道怎么让父母消气吗？

孩子：知道，也是这个花。

陈老师：给他们看，他们高兴了就不生气了是吗？

孩子：是。

陈老师：好。下次记住，用这个方法。

孩子：知道了。

陈老师：这叫"养父母之心"。说，"养父母之心"。

孩子：我这叫"养父母之心"。

陈老师：对，叫"养父母之心"。

孩子："养父母之心"。

陈老师：让父母高兴的意思。

孩子：知道了。

陈老师：一定要记住，做到比什么都重要。你说三岁半她会什么，牵个大花猫进来了。在她这么幼小的心灵里，她就知道要孝敬师长、孝敬父母。你说长大了能不好吗？得有好老师，周围有好同学成全他。你如果天天琢磨着怎么从爸爸妈妈那儿偷点儿钱，比吃比喝比穿，那么父母还不得累死累吐血。其实那都是白眼狼，教出来的都是畜生。所以环境以及周围的老师和同学，这几样太重要了。

不要让孩子变成白眼狼

班主任：老师，我们在跟孩子接触的过程中还有一点感受。比如说我看到小朋友，有的时候问他，我说你妈妈喜欢吃什么，他说我妈妈喜欢吃汉堡。我说妈妈怎么喜欢吃汉堡？他说因为我喜欢吃汉堡，所以我妈妈喜欢吃汉堡。

陈老师：对。

班主任：还有的时候，在家里面，爷爷奶奶、外公外婆都在，还有小孩子。我们就给长辈挑好的菜夹。那很小的小孙子就说，你不要给我奶奶夹这个菜，我奶奶不喜欢吃这个菜。我说那你知不知道奶奶喜欢吃什么？我奶奶喜欢吃旁边的咸菜。

陈老师：对。

班主任：其实老人是什么，她不舍得吃好的东西。

陈老师：是。

班主任：把好的给孙女吃。

陈老师：对。

班主任：所以现在很多孩子被家长这样溺爱着，之后变成"亲所好"，好的是什么根本就不知道。

陈老师：我们可以把自己舍不得吃的好东西给孩子吃，这心情可以理解，但是家里边人要配合。爸爸妈妈要跟孩子说，这个菜是爷爷给你的，或者是奶奶给你的，他们说是不爱吃，真的吗？是舍不得吃。边上要有人教，没人教就成了"你爷爷奶奶就喜欢吃咸菜"。那可不是吗？把好吃的都给你了，他不爱吃。你不教出来是混蛋吗？所以爱孩子，一定要记住那里边要有智慧。刚才你们讲了，这么大一个学校，洗衣服、做饭、劈柴、生火，伺候这些人都应该让谁做？都应该让学生做，在安全的情况下统统让他们做。为什么呢？为人子的本分。你不学这个学什么？从小学，长大了都懂事，长大了都有孝心。等到他到一定年龄了，后边的同学又来照顾他们。他们将来成家了，他们的孩子照顾他，很好。小的时候没有受过这个教育，长大了，哪缺这么个大爷、姑奶奶？所以他的人生会很惨，人人讨厌他。就刚才我说的这个小姑娘，十三岁的学生，你说将来长大了，哪个地方不需要这么个人？你自己的子女这一生能走得好，根就是从这扎起来的。他什么都会做，他知道照顾人，有爱心、有孝心、有敬心，这就是幸福人生的基础。怎么不知道给他种这个种子、打基础？天天往那给他塞钱，让他变成个败家子、白眼狼，人见人恨，人见人烦，这就是你教的结果吗？所以我们今天讲"亲所好，力为具"，虽然六个字，有大学问，一辈子都学不完，真的一辈子都学不完。往小里说，这是治家；往大里说，是治国。以后有机会大家可以看看周恩来总理的书，老人家人情事理通。我看这些书不少，希望大家在网站上，我们有个书目单里面能够看得到。我们专门列了一类，我们劝大家都看看周总理的那些书。人要有眼力见，人情事理通，要有孝敬心。所以什么事你都看得明白，将来你贵为总理，你能把天下治理得井井有条。为什么呢？什么都看得明白。那白眼狼、败家子，那是亡国来的、灭种来的。所以这堂功课比什么都重要，大家一定要知道《弟子规》讲"亲所好，力为具"六个字，亲，不仅仅指你的父母、家人，"凡是人，皆须爱"，换句话说，所有人都要能够"力为具"，这个人就是宰相，就是圣王。你们要体会，怎么才能"力为具"？六根都摄，都摄天下所有众生，眼耳鼻舌身意，那个意太重要了。他一看就知道，他没看，也知道。他怎么知道的？"孝悌之至，通于神明；光于四海，无所不通"。他根本不用看他都知道。所以说怎么能够达到圆圆满满的"力为具"？孝心到极点，敬心到极点。所以你们一定要让孩子们从小受修心的教育，而不是功课这些名次、会背会写，头一个是修心，没有比这个再重要的了。这个是传统文化私塾教育的正脉，最正统的，这个之外的那都是错的。所谓"心外求法，是为邪道"，是人行邪道。希望我们的观众，尤其是家长和老师，一定要记住让他做到。做不到，跟心没关系，统统都白搭。社会上学校不要说做到，听都没听说过。什么孝养父母，会背《弟子规》，"亲所好，力为具"，这有用吗？那跟背那些一般的课文有什么区别？流于形式了，对你孩子的一生一点关系都没有。这些班主任把这些经历给天下的家长们、老师们看一看，我们非常受益。好，谢谢大家。